GREAT TALENTS MATURE LATE IN LIFE

大器晩成列伝

偉人研究家
真山知幸

遅咲きの人生には
共通点があった！

Discover

はじめに
偉人も悩んだ「中年の危機」

◉「中年の危機」にむしろ飛躍した「遅咲き偉人」

後世で「偉人」と称された人のなかには、人生の後半で成功した「遅咲き」の人が少なくありません。

「遅咲き」とは単に「年齢を重ねたのちに成功した」ということだけではなく、「学生時代にはまるで期待されていなかったのに、世界を変えてしまった」ような人物のことも含まれるでしょう。本書で紹介したようなアインシュタイン、エジソン、山中伸弥さんは、まさにそのタイプの「遅咲き偉人」です。

本書は、いわゆる「大器晩成型」の偉人たちが、どのように中年期を過ごしたのかに注目しました。今まさに、多くの人が中年期に直面する「ミッドライフ・クライシス

（中年期危機）」を、偉人たちはどう乗り越えたのでしょうか？

「ミッドライフ・クライシス（中年期危機）」とは、40～50代に経験する人生の転換期における心理的・社会的危機のことをいいます。

岡本祐子氏は『中年からのアイデンティティ心理学：成人期の危機と発達（岡本祐子著作集1）』（ナカニシヤ出版、２０２４年）にて、中年期について次のような時期だと述べています。

「中年期は、ライフサイクルにおける大きな転換期である。生涯にわたって続く心の発達プロセスの中で、中年期は、自己のあり方が根底から問い直される時期であるともいえよう」

言い換えれば、こういう不安が頭をよぎるということだと言えます。

「残された年月を考えると、ここからどんな人生にしていけるのだろうか？」

具体的にどんな悩みが多いのでしょうか。

2024年にNHKのクローズアップ現代取材班が「中年期の心の不調について」の体験談を募集。次のような切実な声が寄せられました。

「自分の人生の大部分はすでに終わり、先の目標が何もない、生きていても楽しくない、そう思う日々が続きました。この先、何を生きる糧にしていけばいいのかわかりません」（45〜49歳・男性）

「漠然とした不安、自分が生きてきたことには意味があったのだろうかという後悔。**同世代、若い人の活躍を目にすることで感じる焦燥感。**気力、体力の低下を実感して自信がなくなっていき引きこもるようになりました」（55〜59歳・女性）

「50代に入り、ふとこれまでの人生で何も成し遂げていない、かと言って、これからの人生で何かを達成するほどの時間も気力もないことに気がついて自信喪失、自己否定

感に見舞われました」（50〜54歳・男性）

私は40歳を迎えると同時に、新卒から18年勤めた出版社を辞めてフリーランスの物書きになりました。最後の４年間は編集長も務めてやりがいはありましたが、やはり今後の人生を考えたときに「このままでよいのだろうか」という葛藤があったことが大きかったように思います。

◉ 再就職は簡単ではなく、介護問題も降りかかる

とはいえ、再就職も簡単ではありません。先ほどの体験談募集では、こんな声も取り上げられています。

「定年まであと12年と考えたら先がない、未来がない。考えても考えても抜け出せない感じです。**本当にこのままでいいのか、もっと活躍できる場はないのか**……でもどこにも移るところがない」（50〜54歳・男性）

「40歳を過ぎてから、やってみたい仕事にエントリーしても選考が通過できない状況が続いています」（45〜49歳・女性）

現状から抜け出したいという思いは強いけれど、「今よりよい条件での転職が難しい」「面接以前に書類選考が通らない」というケースが多いようです。

かくいう私も当初は転職をするつもりでいましたが、なかなか自分の希望とマッチする求人が見つけられませんでした。

また、40〜50代で直面しやすいのが、親の介護問題です。

「令和3年度 仕事と介護の両立等に関する実態把握のための調査研究事業報告書」（三菱ＵＦＪリサーチ＆コンサルティング株式会社、厚生労働省委託調査）の労働者アンケート調査結果からは、介護と仕事の両立がいかに難しいかが伝わってきます。

介護休暇制度の利用状況について尋ねたところ、「利用したことはないが、今後利用したい」と答えた人が最も多くいました。

それだけ関心が高いにもかかわらず「利用しなかった」、あるいは「利用していない」のは、なぜなのでしょうか。その理由について、正規労働者からは次のような回答が寄せられることになりました。

「勤務先に介護休暇制度が整備されていない」（38・3％）
「代替職員がいない」（26・2％）
「勤務先の介護休暇制度を知らない」（23・5％）
「職場に介護休暇制度を利用している人がいない」（20・0％）
「職場に介護休暇制度を利用しにくい雰囲気がある」（19・1％）

調査では「介護について職場で相談しやすいか」という問いに「そう思わない」と答えた人ほど、右のような理由で介護休暇の取得を見送っている割合が高いこともわかりました。

また、介護休暇を取得しない理由について、「介護休暇制度を利用すると収入が減る」という回答もありました。その割合は、正規労働者では13・8％、無期契約労働者では16・0%、有期契約労働者では19・9%と、雇用状況が不安定な人ほど、給与が少なくなることを理由に、介護休暇の取得をためらっている現状があるようです。

今後、介護保険の財政が厳しくなればなるほど、介護問題に伴う経済状況の不安は、顕著になっていくことでしょう。

◉「人間関係の変化」で、職場でも家庭でも孤立しがち

たとえ先が見えなくて不安に陥っても、思いを吐き出す相手がいたり、ともに悩む同志がいたりすれば、苦悩もいくぶんか紛れそうです。

ところが、**人間関係の変化に苦しみ、孤立しやすいのもまた中年期**なのです。たとえば、**職場で昇進したことで、かつてない孤独感を抱えるケースも珍しくありません。**

精神科医の河合隼雄氏は、クライアントからこんな相談を受けたことがあるといいます。仕事熱心で同僚の誰よりも早く課長になり、本人も喜んでいたものの、立場が変わったことで、仕事がさっぱり面白くなくなったとのこと。

自分がいかに無能かを思い知らされる日々で、会社に申し訳ないという気持ちから「課長をやめさせてくれ」と願い出ても聞き入れてもらえない……という悩みです。

「死んだほうがましだ」とさえ思うようになったといいますから、事態は深刻です。管理職となり、部下との付き合いに思い悩んでしまったのでしょう。

最近は、昇進を断る人も増えているといいますが、**年齢的にリーダー職の打診を断りづらくなるのが中年期**でもあります。部下に弱音を吐くわけにもいかず、表には出にくいですが、人知れず孤独に陥っている上司は思いのほか多くいるのではないでしょうか。

また、中年期は子育て中の家庭において、子どもが独り立ちしはじめる時期でもあります。大阪医科薬科大学産婦人科学教室の後山尚久氏は、「婦人心療・更年期・閉経外来」を1994年3月から2002年3月までに受診した症例のうち、653例にインタビューを行い、会話内容からストレス因子を解析しました（後山尚久「成長した子供と母親との関係：空の巣症候群を中心に」『女性心身医学』2002年7巻1号）。

すると、子どもに関してストレスを抱えている人が31・6%を占め、なかでも次のような悩みが多いことがわかりました。

「就職、結婚などによる子どもとの分離体験関連」（9・0％、44人／490人）
「子どもの生活態度に対する感情変化」（8・6％、42人／490人）

子どもの独立後に寂しさを感じる、いわゆる「空の巣症候群」と認定されるケースが、44症例に上ったと報告されています。

昨今は父親の育児参加も進み、子どもの独立に伴い、ぽっかりと胸に穴が開くのは、母親だけに限らなくなってきているようです。

職場でも家庭でも、これまでのように誰かに求められている実感が持てず、居場所がない――中年期はそんな状態に陥りやすいのです。

河合氏の次のような見解には、多くの中年読者が共感するところではないでしょうか。

「職場のみならず、家庭においても、夫婦や親子の関係のあり方が以前とは異なってくるので、そのために適応に困難を生じることもある」（『中年危機』、朝日文庫）

経済学者の小塩隆士氏は厚生労働省が行った「中高年者縦断調査」から17回分の個票データを用いて、「中高年のメンタルヘルスが、加齢によってどのように変化するのか」「どのような要因の影響を受けるのか」について調査しています（小塩隆士「中高年のメンタルヘルス：加齢に伴う変化とその決定要因」『経済研究』２０２４年75巻2号）。

抑うつの度合いを6つの観点から5段階で回答させるＫ６（Kessler 6）スコアを尺度にして、Ｋ６スコアが5点以上ある場合を「精神的苦痛」（psychological distress; PD）として調べたうえで、次のようにまとめています。

「中高年のメンタルヘルスは、加齢に伴って悪化する。そして、そのかなりの部分は、主観的健康感の悪化や日常生活活動における問題、そして社会参加活動からの撤退といった要因によって説明される」

孤独感が深まるなかで、だんだんと加齢による健康問題にも悩まされるのが中年期です。心と身体の両面から押し寄せる不安に、身動きがとれなくなってしまう。それが「中年の危機」の恐ろしさだといえそうです。

◉ 悩み多き中年期もまた大きな糧となる

右を向いても左を向いても、迫りくる困難に絶望してしまいそうですが、忘れてはいけないのは、「ミッドライフ・クライシス（中年期危機）」は誰もが多かれ少なかれ感じるということです。

冒頭に述べたように、**実は歴史に名を残す偉人たちも、中年の時期に悩んで、不安感にさいなまれ、そして絶望的な状況に追い込まれたというケースが数多くあります。**

「もうこのまま、自分の人生は終わってしまうのかもしれない」

そんなふうに**失望した矢先に、人生の大きな転換期を迎えることは珍しくありません。**

「昆虫王」として知られるアンリ・ファーブルは14歳で一家離散という過酷すぎる運命を背負い、その後の教師人生も苦難の連続でした。50代を迎えるにあたっては、家の立ち退きを命じられるという屈辱も味わっています。

その時点では、まさかその数年後の56歳で世界的な名著『昆虫記』を発表し、歴史に名を刻むとは思いもしなかったでしょう。

思想家のカール・マルクスの場合は50歳を目前にして、同じく世界的な名著である『資本論』を世に送り出します。ところが、思ったような反響が得られずにがっかりしています。

実業家の安藤百福は48歳で世界初となるインスタントラーメンを開発。その後の自分の人生だけではなく、世界の食文化を一変させています。

iPS細胞を発見した山中伸弥さんは、50歳の若さでノーベル生理学・医学賞を受賞し、その研究が大きく注目されることになりますが、受賞する数年前までは「こんなことを研究して意味があるのか」と、精神的に落ち込んだ時期もあったといいます。

アメリカの詩人チャールズ・ブコウスキーは、放浪生活を経て、職を転々としながら詩や物語を書き、50代でようやく世間に認められました。

中年期ともなれば、**それまで続けてきた経験は、どんなものであっても大きな価値があります。しかし、なかなか自分ではそのことには気づけなかったりします。**

誰にも見向きもされなくても「がんばろう」と思わせてくれる――そんな偉人たちを「第1章　50代以降に花開いた偉人たち」で紹介しました。

◉危機はキャリアを転換するチャンス

元アメリカ大統領のジョン・F・ケネディは、こんなことを言っています。

「変化とは人生の法則である。過去と現在しか見ない人は、確実に未来を見失う」

思えば、人間というものは、順調にいっているときになかなか変革は起こしにくいもの。**「ミッドライフ・クライシス（中年期危機）」は人生を見つめ直し、新たな価値観に目覚め、アクションを起こす絶好の機会**だともいえるでしょう。

50代にこれまでのキャリアを生かしながら、新しいことに挑んだ偉人たちが、物理学者のアルベルト・アインシュタイン、実業家の渋沢栄一、発明家のトーマス・エジソン、阪急阪神東宝グループを創業した小林一三、漫画家の赤塚不二夫らです。

うまくいったケースもあれば、なかなか結果につながらなかったケースもあります。

しかし、そのプロセスにこそ意味があるのです。

「第2章　50代以降から新たな挑戦を始めた偉人たち」からは、**中年期に一度、人生の棚卸しをしながら、さらなる飛躍を模索する**ことの大切さがわかります。


そして、より大きく人生を動かしたのが、測量家の伊能忠敬、考古学者のシュリーマン、民俗学者の吉野裕子、マクドナルドを創業したレイ・クロック、日本画家で陶芸家の小泉淳作、そして、「男爵イモ」を日本にもたらした川田龍吉らです。**彼ら彼女らの場合は、50代でこれまでの人生で経験したことのない道を切り拓きました。**

なんとなく先の人生が見えてしまい、やる気をなくしてしまうのは、典型的なミッドライフ・クライシス。意外なところから自分の可能性が見出せるということが、「第3章　50代以降に新ジャンルに挑んだ偉人たち」による激動の生涯からよくお分かりいただけることかと思います。

◉ 絶望が新たな道を指し示すことも

もしかしたら、今まさに切迫した状況を迎えており、明るい展望など思い描けない……そんな方もいるかもしれません。

しかし、画家としての長年の夢が潰《つい》えたサミュエル・モールスのように、**絶望が新たな道を指し示すことは、実はよくあること**なのです。任天堂を生まれ変わらせた山内溥が、ファミリーコンピューターでヒットを飛ばすまでに、どれだけの失敗を重ねたことでしょうか。

アメリカの料理家ジュリア・チャイルドは一冊のレシピ本を出したことで人生が一変しましたが、それまで編集者に何度も何度も、本の企画を断られています。

そんな偉人たちを紹介した第4章の「挫折をへて50代で道を切り拓いた偉人たち」では、**中年期に陥りやすい逆境こそが、人生を変革するチャンス**だと、私自身も大いに勇気づけられました。

◉まずは、この本を読むことから始めてみよう

もちろん、今はまだ新たな行動に出るという心持ちではない、という方も多いことでしょう。今すぐ無理をして、大胆な行動に出る必要はありません。

ただ、この苦しみを一人ぼっちで抱えてほしくはない。そう強く思うわけです。みんなで老いれば怖くない。イギリスの劇作家ウィリアム・シェイクスピアもこう言っているではありませんか。

「他人もまた同じ悲しみに悩んでいると思えば、心の傷はいやされなくても、気は楽になる」

偉人たちはどのように「中年の危機」を乗り越えたのでしょうか。次章からそれぞれのケースをくわしく見ていくことにしましょう。

CONTENTS

第2章

50代以降から新たな挑戦を始めた偉人たち

第3章

50代以降に新ジャンルに挑んだ偉人たち

第4章

挫折をへて50代で道を切り拓いた偉人たち

購　入　者　特　典

本書をご購入いただいた方に限り、
ページ数の都合で泣く泣くカットした幻の原稿

安倍晴明
鴨長明
（PDFファイル）

を下記よりダウンロードいただけます。
ぜひ、あわせてお楽しみください！

ID／discover3133
パスワード／taikibansei
https://d21.co.jp/formitem/

第1章

50代以降に花開いた偉人たち

アンリ・ファーブル

1823〜1915
博物学者

50歳を前に、突然の退去勧告！苦難を乗り越えて、名著『昆虫記』を完成

昆虫の行動を科学的に観察し、美しい文章で表現したアンリ・ファーブル。『昆虫記』の作者として知られていますが、もともとは教師でした。54歳で教師を辞めて、文筆活動に専念します。波乱に満ちた前半生から、どんなふうに独立を決意したのでしょうか。

略歴 フランス生まれ。14歳から肉体労働に従事し、その後、教師をしつつ、独学で物理、数学、自然科学を学んで数多くの論文を発表。30歳で学士号、31歳で博士号を取得。ライフワークとした昆虫の研究を『昆虫記』としてまとめた。

48歳 いきなり家を追い出される

どんな年代でも人生には壁が立ちはだかるものですが、40代から50代にかけての壁は、乗り越えるのがちょっと厄介だったりします。

56歳のときに世界的な名著『昆虫記』を書くことになる、アンリ・ファーブルもまた、50代を迎えるにあたって面倒な壁にぶつかっていました。

「月末までに、この家から出ていってください」

突然、役人からそんな退去通告を受けて、48歳のファーブルは戸惑います。しかし、すぐさま、何が起きたのかを理解しました。おそらく自分のことを嫌っている家主の仕業だろうと、見当がついたのです。

「家主ときちんと書類で契約を交わしておくべきだったか……」

そんなふうに後悔しても、時すでに遅し。いったいファーブルはなぜ、そんな嫌がらせを受けたのでしょうか。

◉「ファーブル人気」を憎んだ意外な人たち

当時のファーブルは教師の仕事をしていました。小学校で7年間教えてから、高等中学の教師へ。給料は低く、待遇面では不満が尽きません。

それでも、授業が始まれば、ファーブルは学生たちを教えるのに夢中になりました。学生たちも教育熱心なファーブルのことが大好きでした。

ファーブルは、読み書きなど基本的なことに加えて、自分の知る昆虫や植物の話を授業にふんだんに盛り込みました。自然の楽しみ方を生徒たちに教えることで、自分自身も学んでいたのかもしれません。教師として、こんなふうに自分を戒めていました。

「生徒というものは、教師がまごつけばどんどん、いじわるくつっこんできて、質問攻めにでる。それだけに、猛勉強しなければならない」※1

また、ファーブルはこの頃、新しい試みに挑戦していました。フランスの文部大臣の働きかけで無料の夜間学級が開設されると、学生向けではなく、大人向けに講座を持つことになったのです。

ファーブルが担当したのは、物理と博物学。教卓の上に実際の植物を並べながら、こんな講義を行っていました。

「このように植物も動物と同じように器官を持ち、それぞれが機能を果たしています。植物も私たちと同じように生きているわけです」

当時の人々にとって、ファーブルの講義は衝撃的なものでした。若い女性たちも詰めかけるほどの人気を博しました。

しかし、目立つと必ず足を引っ張る人が現れるものです。「ファーブル人気」を苦々しい思いで見ていたのが、カトリック教徒たちでした。

ファーブルが反感を買った理由は、時代背景と関係があります。新たに文部大臣になったヴィクトール・デュリュイは、当時の学校教育に宗教色が強すぎることを危険視。カトリック教会の支配から脱しようと考えていました。

自由な思想をもって学生たちを教育しなければならない――。そんな思いから開設したのが、誰でも学べる無料の夜間学級でした。

そんな経緯で活躍の場が与えられたファーブルでしたが、教会としては面白くありません。特に「若い娘たちに植物の授精の話を聞かせている」ことは許しがたいことでした。ファーブルの存在は脅威だったのです。

また不運なことに、ファーブルが住む家の家主は、敬虔なカトリック信者でした。そのため、ファーブルを追い出してしまおうと画策。いきなりの退去勧告という暴挙に出て、ファーブル一家を困らせたのでした。

14歳 路上に放り出された

ファーブルはこれまでも何度となく、人生の壁を乗り越えてきました。それも、とてつもなく高い壁を、です。ここで少しファーブルの生涯を振り返ってみましょう。

ファーブルは南フランスの小さな村に生まれました。父が安定した職業に就いていなかったため、生活は苦しくなる一方でした。

ファーブルの父は、貧しい暮らしから抜け出そうと思い切った勝負に出ます。都会でのカフェ経営に乗り出したのです。

しかし、あえなく失敗。それもそのはず、ファーブルの父は接客が苦手なうえ、料理の腕もイマイチだったのです。それでも懲りることなく、ファーブルの父は、開店してはまた閉店するということを繰り返しました。

ファーブル一家の財産はいよいよ底をつき、一家離散の道をたどります。ファーブルはたったの14歳で、自活しなければならなくなりました。

宿泊場所さえないまま、土木作業員をしながら生活費を稼ぐ日々を送ることになったファーブル。「人生は恐ろしい地獄になった」※2と振り返るほどの絶望を味わうことになりました。

そんなとき、ファーブルの気持ちを和らげたのが昆虫です。地面を這う見たこともない虫と出会うと、ファーブルは悲惨な状況も忘れて心を躍らせました。

やがて少しずつ人生は開けていきます。ある日、ファーブルは仕事帰りに、師範学校の奨学生募集のチラシを発見しました。

「これなら、お金がなくても教育を受けられるかもしれない」

ファーブルはその募集に飛びつきます。そして試験に見事、一発合格します。在学中に教員免許を取得し、19歳から教師として働くことになったのです。

20代 「ハエ」と見下されても研究を続けた

しかし、教師になってからも困難は続きました。

給料はとてつもなく安く、しかも支給が滞る始末。21歳で結婚して子どもがいたファーブルにとっては死活問題です。早く中学校の教員にステップアップしたくて、こんな愚痴をこぼしました。

「わんぱくなガキどもに相変わらず動詞の変化をやらせるなんて、これはあまりに不合理な話だ！」※1

しかし、ようやく中学校の教員になれても、経済的な不安定さは変わりませんでした。

待遇に不満だらけのファーブルは、こんな思いも吐露しています。

「私の頭には、この中学校から一日も早くのがれたい、ほかに行きたいということしかない。この学校では私が大学教授の資格をもっていないものだから、とてもばかにする」※1

学歴が乏しいファーブルは、同僚からも見下されがちで「ハエ」というあだ名をつけられていました。なぜ「ハエ」かというと、ファーブルは教員活動をしながら昆虫の研究を続けており、職員室でもいつも捕らえたハエを眺めたり、いじくったりしていたからです。

一方で、生徒たちが唯一、あだ名をつけなかった教師がファーブルでした。教師としての威厳をまとい、かつ、自分の道を邁進するファーブルの背中を、生徒たちはきちんと見ていたのでしょう。ファーブルの生徒へのこんな思いも、伝わっていたに違いありません。

「わたしの生徒の多くは、いずれも田舎からやってきており、やがて田舎へ帰って行くのだ。そして、大地をたがやし、耕作に没頭するのだ。だから、自分の土地が何ででているか、そして植物はどのように栄養をとっているかを教えてやらなければならない」※1

やがて、そんな不遇な環境も、少しずつ変わっていきます。

ファーブルは大学の教壇に立つため、独創的な論文を書くことを決意。仕事の休日を利用して、100匹近いゾウムシを捕獲します。

そして、ハチがどのようにゾウムシをエサにしているのかを突き止めるべく、粘り強く観察を続けました。その結果、ハチはゾウムシを刺して殺してから食べるのではないことがわかります。驚くべきことに、ハチはゾウムシの神経を狙って刺して、毒液を注ぎ込むことで動きを止めてから、生きたまま食べていたのです。

33歳のときに、ファーブルはそのことを論文にまとめて発表。ファーブルの研究は高い評価を受けて、実験生理学賞を受賞することになりました。

そんなふうにして、ファーブルは人生の壁をどうにかして突破してきました。48歳で思わぬ退去命令を受けたときにも、「こんなことはおかしい！」と断固として居座る道もあったことでしょう。

しかし、ファーブルにはこんな葛藤があったのではないでしょうか。理不尽な命令には従いたくない。しかし、実りある50代を過ごすためには、もっとほかにやるべきことがあるのも確かだ。いっそ、住まいも職もリセットしてしまおうか……。

むしろ、この機会に自分が本来やりたい仕事へと突き進もう、そう考えたようです。

ファーブルは命令に従い、アヴィニョンから立ち去ります。それどころか、16年も務めた教師の仕事を辞めて、心機一転、ペン一本で生計を立てることを決意したのです。

50代「人生の壁」を乗り越えずにリセットに活用

思えば、20代、30代の壁は「何かがほしくても手に入れられない」という悩みに尽きます。しかし、40代、50代の壁は「何かを手に入れたからこそそのストレス」であることが多いように思います。

ファーブルの場合も、講義が問題視されたのは、それだけの影響力を手に入れていたからにほかなりません。だからこそ、ファーブルは考えたのでしょう。**はたして、この困難は乗り越える価値があるものなのか、**と。

答えはノーでした。**人生の残り時間を考えても、あらぬ誹謗中傷と対峙するのに労力を使うのは、あまりに空しいこと。**ファーブルは、カトリック教徒の嫌がらせを、すべてをリセットする好機として、「本当にやりたいこと」へと邁進したのでした。

「自然の中で生き生きと動く昆虫を、ありのままに記録したい」

そんな思いで執筆したのが、ファーブルの代表作『昆虫記』です。これまでの学術論文とは一線を画した『昆虫記』は、大きなインパクトを世の中に与えました。その反響の大きさは周囲の誰も予想しなかったほどのもので、ファーブルは教師時代の10倍もの収入を得る年まであったといいます。

「自分の好きな研究で生活できるなんて、なんて素晴らしいことなのだろう」

50歳前後で人生をリセットしたファーブル。そこから、生き生きとした本当の人生を送ることができたのです。

ファーブルに学ぶ
大器晩成のヒント

◉ 好きなジャンルに粘り強く取り組む。

◉ 自分のマニアックな知識を世に発信してみる。

◉ 理不尽な他人は相手にせず、スルーを決め込む。

カール・マルクス

1818～1883
思想家

不発に終わった『資本論』を花開かせた盟友・エンゲルスとの関係

格差社会や環境破壊、社会的排除を生んでいると資本主義の弊害が取りざたされるなか、今なお注目されているのが『資本論』です。著者のカール・マルクスがこの本を完成させたのは50歳直前の頃でした。苦心して書き上げた作品でしたが、反響は意外にも散々なものだったのです。

略歴 ドイツのトリーア生まれ。ライン新聞の編集者を経てパリへ。『共産党宣言』を発表した後に、ロンドンに亡命。第一インターナショナルの中心として活動する。著書『資本論』で資本主義を定義したマルクス主義の創始者。

27歳〜

〆切をまったく守れないダメ男

年齢を重ねるにつれて、過去の経験からつい「自分の限界」を決めてしまいがちです。

そのことが、40代や50代という中年期を前向きに過ごすことを難しくしているように思います。

しかし、**失敗や挫折の連続でも、自分に失望さえしなければ、たとえ何歳になろうとも、思いがけないほど遠い場所までたどり着けることもあります。**

経済学者のカール・マルクスは、人生でなすべきミッションが、早くから見えていたのでしょう。のちに世界中に影響を与える「マルクス経済学」について、27歳の時点でこう話しています。

「経済学の論文は、もうすでに完成しているんだ」

それを聞いた周囲の友人たちは大いに期待しました。ところが、そこから実に13年にわたって、マルクスはこの宣言を繰り返すのみで、何もしませんでした。40歳を目前にして、ようやく具体的な構想を明かしています。

「私が現在取り組んでいるのは、経済のカテゴリーに関する批判、あるいは、こう言ったほうがよければ、ブルジョワ経済のシステムに関する批判的考察です……全体で6巻になります」※4

6巻となると、相当な大作です。これが1858年の春のことで、マルクスは「5月には最初の巻を出し、その後、数カ月で第2巻を出します」と出版社に約束しています。ようやく具体的に執筆が進められるか……に見えました。

しかし、4月2日の時点で、2歳年下の盟友フリードリヒ・エンゲルスに自身の病状を訴えはじめます。

「この不調は悲惨なまでにひどい。回復して指が動かせるようになり、手に握力が戻るまでは、とても仕事などできそうにない」※4

なんでも、胆汁症の不定愁訴に苦しんで「考えることも読むことも書くことも、実際のところ、何をすることもできないでいる」と言います。11月頃には、マルクスは出版社への手紙で「いかに自分がこの作品に人生をかけているか」を熱弁しながら、こんなことを書きました。

「ただ書きはじめさえすれば、4週間で完成できると思います」※4

〆切から半年が過ぎて、まだ書きはじめてもいなかったとは……。

マルクスがすごいのは、どんなときも決して自分に失望しないこと。この言葉も、自身では何ら疑いを抱いていなかったことでしょう。

そこから2カ月後の1月後半に、ようやく原稿が完成します。しかし、原稿を渡されたエンゲルスは、マルクスの口から信じがたいことを聞かされます。

「タイトルは『資本概説』だけど、資本に関することはまだ何も書いていない」※4

できたという原稿は1冊にするにはページが少なく、しかも原稿の大半は、ほかの経済学者の批判ばかり。肝心のマルクスの自説については、自伝のような序文だけでした。原稿は予定どおりに第1巻として出版はされたものの、よい反響は得られませんでした。楽しみに待っていたマルクスのファンからは、こんな声さえ上がりました。

「これほどがっかりさせられた作品はほかにない」※4

散々待たされた挙げ句に期待外れの内容だったならば、批判も当然のことです。こんないい加減な男がのちに歴史的大著を残すとは、誰も想像しなかったでしょう。

そんななか、ただ一人だけ、マルクスが持つ大きな可能性を信じていた人がいました。

誰よりもマルクスのことをよく知る、エンゲルスです。

26歳

盟友・エンゲルスと出会う

マルクスがパリに亡命しているときに、二人は出会います。マルクスが26歳、エンゲルスが24歳のときのことです。

もっともエンゲルスはマルクスと出会う前から、その存在をよく知っていました。マルクスはもともと「ライン新聞」でジャーナリストとして活動しており、政府のことはもちろん、その反対勢力をも舌鋒鋭く批判。こんなふうに評されるほど、マルクスの記事は読者にインパクトを与えました。

「心臓に狙いを定めてひと突きにする、短剣のような鋭い文章」
「窓を壊すのに大砲を使う男」※4

マルクスの文章に引きつけられたエンゲルスは、まだ面識のないマルクスについて、次のような詩を書きました。

「乱暴なまでの性急さについていけるのは誰？
トリーアの浅黒い若者、言わずと知れた怪物」※4

出会いを果たすと、マルクスとエンゲルスは心を通わせて同志になりますが、二人は正反対のタイプでした。

まず外見からして違いました。マルクスは、背が低くずんぐりむっくりでしたが、エンゲルスは、すらっと背が高いスマートな男でした。

また、マルクスは字が汚く、原稿も誤字だらけ。一方のエンゲルスはというと、美しい字で几帳面な文章を書きました。

まさに二人はでこぼこコンビであり、何かとトラブルを起こすマルクスを、いつもエンゲルスがサポートする。そんな関係性が生涯、続いたのです。

というのも、マルクスは浪費癖が激しく、金銭感覚が欠如していました。ライン新聞社を退社後は「共産主義宣言」を行い、亡命生活を余儀なくされた……という事情があったにせよ、経済的な苦境はマルクス本人の問題でした。

ラッキーなことに親戚から遺産が転がり込むなんてことがあっても、マルクスは借金の清算もせずに、大きな家を買って転居してしまいます。すぐに生活に行き詰まり鉛筆も買えなくなり、エンゲルスにこんな手紙を書くのでした。

「腐りきった借金取りから、三度目の、そして最後の通告を受けてしまった。もし月曜までに払えないなら、月曜日の午後に質屋を寄越すと言う。そんな状態なので、もし可能なら、数ポンド送ってもらうわけには……」

こんなことが続いてもエンゲルスは、マルクスを見捨てなかったのですから、大したものです。金銭的な援助だけではありません。妻子のあるマルクスが、女中に手を出して隠し子をつくると、なんとエンゲルスは自分の養子にして面倒まで見ています。

なぜ、そこまでマルクスのために献身するのか。エンゲルスがマルクスについて語ったこの言葉に、その理由が集約されています。

「どうして天才に対して嫉妬などできる？
天賦の才というのはきわめて特殊なものだ」※4

その才能にほれ込んでいたエンゲルスにとって何よりの気がかりは、マルクスが直面していた貧困や人生のトラブルによって、彼の経済論が世に出せなくなることでした。

49歳 50歳を前に大著を完成させるが……

そんなエンゲルスだから、冒頭で紹介したように、第1巻の出版が不発に終わってもなお、マルクスを支え続けました。

第2巻の出版については、ドイツ在住の医師ルートヴィヒ・クーゲルマンから「いつ出るのか」と尋ねられると、マルクスは即座にこう返事をしています。

「原稿がようやく終わったところです。すなわち、あとは印刷まで清書と最後の推敲を残すのみとなったわけです」※4

実際のところ、原稿は完成にはほど遠かったというから呆れたものですが、当初予定していた『経済学批判への寄与――第2部』という、長ったらしいタイトルは変更することにしたようです。

大きなテーマに挑んでいる書物は、むしろ短い書名がふさわしい。そう考えたマルクスは、クーゲルマンとの手紙のやりとりのなかで、こう書いています。

「その本の題は『資本論』ということになるでしょう」※4

そう、このときにマルクスが取り組んだ第2巻こそが、世界的名著『資本論』として、世に放たれることになります。

肝心の原稿については、前回同様に難航したことは言うまでもありません。マルクスは座らずに立ちながら原稿を書くこともあったとか。お尻のできものが悪化して、座っていられなくなったからです。

それでもマルクスなりに、周囲への気遣いもしていたようです。期待を持たせるわけにはいかないと、マルクスは確実に本が書けるというタイミングまで、エンゲルスに手紙を出さずにいました。

そして1867年4月2日、マルクスはエンゲルスに手紙を出します。

「今、その時がきた」※4

出版者のマイスナーのもとに原稿が届けられたのは、それから1週間後のことです。これでようやく眠れぬ日も終わりです。お尻のできものも良くなってきました。なにより、この本さえ出れば、経済的な苦境から脱出できる。マルクスはそう信じていました。

「私は根本的に自分の経済状況を改善し、また再び自分の足で立つことができるようになると確信している」※4

マルクスは一度として自分の足で立ったことはありませんでしたが、この際、細かいことは言わずにおきましょう。

推敲と校正を終えると、いよいよ出版を待つだけ。マルクスはこのとき49歳。この作品が評判となり、50代で大きな転機を迎える……はずでした。

ところが、満を持して『資本論』が出版されるも、ほとんど話題になりませんでした。焦ったエンゲルスが各紙に書評を書いて、大著の存在をどうにかして知らしめようとしましたが、徒労に終わっています。

人生をかけた労作にもかかわらず、期待した反響は得られず、マルクスは大いに失望します。

「私の本に対する反響があまりに少なくて、気持ちが落ち着かない」※4

またもや不発に終わったのには、いくつか理由がありました。

まずは、本の最初に難解な章を持ってきてしまったこと。マルクスは「始まりはすべての科学において難解になる」と、序文で読者にあらかじめ書いてはいましたが、多くの読者の読む気をそいだようです。

また、エンゲルスは「見出しの少なさ」を指摘しています。『資本論』は、読みやすくするための工夫が、あまりに乏しかったのです。

さらにいえば、『資本論』を読んでほしい労働者は内容が難しくて理解できず、一方、読解力のあるエリート層は内容に関心を持たない……というミスマッチが生じていたことも致命的でした。

60代

不遇な人生でも後悔がなかった理由

マルクスからすれば、50代を目前にして、渾身の仕事が不発に終わったのですから、すべて嫌になってもおかしくはありません。経済的な状況を考えても、これまでと違った生き方をしてもいいのかもしれない。そんな葛藤があったのではないでしょうか。

それでもマルクスはその後も諦めることなく、革命に身を投じました。その決断の裏には、**自分しかできない仕事に打ち込んでいるという自負。**そして、どんなときでも自分の仕事を信じて待ってくれている盟友の存在が大きかったことでしょう。

やがて不健康な生活がたたって、深刻な体調不良に陥ります。

晩年は咽頭炎に気管支炎、さらに不眠症に悩まされました。1883年3月14日、エンゲルスが見舞いに訪れると、家にいた者からこう告げられています。

「今は暖炉の横でお気に入りの椅子に座って、半分寝ているわ」

そしてエンゲルスがマルクスの寝室に入ってから、2分後に息を引き取りました。64年の生涯でした。

マルクスの葬儀に集まったのは、たったの13人。誰もがマルクスのことは、このまま歴史から忘れ去られると思ったに違いありません。

しかし、それでもやはりエンゲルスだけは、マルクスの残した偉業を信じて疑いませんでした。墓地でこう語っています。

「彼の名とその業績は、何年もの風雪に耐えて残るだろう」※4

エンゲルスは、遺稿をもとに『資本論』の第2巻と第3巻を編集。マルクスに代わって世に送り出しました。マルクスの才が世界を変えることを確信していたのです。

そしてその思いは現実となります。

生前には十分な評価が得られなかったマルクスですが、それでも人生に悔いはなかったことでしょう。最期の言葉は、こんなマルクスらしいものでした。

「出てけ、失せろ。最期の言葉なんてものは、生きているうちに言いたいことを全部言わなかったバカ者どもが口にするものだ」※5

まだ社会に出て間もない20代や30代においては、周囲に認められることは、ある程度、重要なことかもしれません。

しかし、**40代から50代においては、評価されることよりも「残り時間で、どれだけのものを後世に残せるか」が大切**になります。つまりは、**マルクスのように、自分のやりたい道をただ突き進めばいい**のです。

その結果、たとえ志半ばに倒れても、誰かが意志を継ぎ、あなたの続きをやってくれるはず。できることなら、同志を見つけて親交を深めながら、自分の仕事に打ち込めれば、言うことはありません。

カール・マルクスに学ぶ
大器晩成
のヒント

◉ 何度中断しようが、自分がやりたいと思うことをやる。

◉ 大きな志をともにする盟友と交流する。

◉ 大事なのは、評価されることではなく、「どこまでやり切るか」。

安藤百福

1910～2007
実業家

47歳で全財産を失った後に、カップラーメンの開発に成功

人生のどん底を味わったあとに、道が大きく拓けるということがあります。日清の創業者・安藤百福はさまざまな事業に手を出して47歳で全財産を失ってしまいます。そこからどのように飛躍して、画期的な発明へとたどり着くことができたのでしょうか。

略歴 日本統治時代の台湾に生まれる。家業を手伝いながら、22歳のときに台湾で繊維会社を創業。さまざまな事業を手がけたのち、１９５８年に世界初となるインスタントラーメンを発明し、１９７１年には世界初のカップ麺も開発。食文化に大きな影響を与えた。

◉ 無一文からラーメンづくりに挑戦

簡単に調理できるうえに、安価で保存性も高い――。

今や当たり前のようにある「インスタントラーメン」ですが、その特徴を挙げてみると、優れた点が多いことにあらためて気づかされます。

その手軽さから、地震などの自然災害時や、戦乱による難民、困窮者への非常食としても重宝されています。

1958年にインスタントラーメンを世界で初めて開発したとされているのが、日清の創業者の安藤百福です。無一文からラーメンづくりに挑戦し、その努力が実ったのは48歳のときのことでした。

取材などで「遅い出発ですね」と言われるたびに、百福はいつもこう答えています。

「人生に遅すぎるということはありません。50歳でも60歳からでも新しい出発はあります」※6

その言葉どおりに、百福は40代の最後にインスタントラーメンの開発に成功したあと、50代でさらに大きなチャレンジをしています。

一つ目の大きな成功にも気を緩めることなく、さらに次の段階に進められる人は、それほど多くありません。

戦後の混乱期に新たなビジネスチャンスをつかんだ百福。その生き方から「50代で何をすべきか」を考えてみましょう。

22歳 「行動力」で実業家としての道を切り拓く

安藤百福は1910年、当時まだ日本の植民地だった台湾に生まれました。

幼くして両親を亡くしたため、兄2人、妹1人とともに呉服屋を営む祖父母のもとに引き取られます。ずいぶん厳しくしつけられたようで、物心つく頃には、掃除、洗濯、炊事と一通りできるようになっていました。

「祖父のような商売人になりたい」

そう考えた百福は、学校卒業後、図書館の司書を務めたのち、22歳で開業に踏み切ります。目をつけたのは「メリヤス」です。

メリヤスとは、ポルトガル語では「靴下」を意味し、手袋、靴下、肌着などに用いられる織物のこと。日本製のメリヤスを販売する会社を立ち上げると、見事に成功し、大阪に進出を果たします。その後も、灯器の製造、炭焼き、バラック住宅の製造など、次々と事業化していきました。

2017年に『多動力』（堀江貴文著、幻冬舎）という本が出て話題になりましたが、百福もとにかく動いていないと落ち着かないタイプでした。

◉食を求める人々の姿に創業理念が固まる

そんな百福がラーメンに関心をもったのは、まさに終戦直後のことです。日本が敗戦を迎えると、百福は疎開先の兵庫から大阪に戻りますが、想像をはるかに超える惨状が目の前には広がっていました。

戦火によって、かつてあったはずの事務所や工場はすべて焼失。敗戦後の荒地で、百福はしばし呆然としながら、その場に立ち尽くすしかありませんでした。

ところが、よく目を凝らしてみると、絶望的に見えた風景のなかにも、懸命に生きようとする人々のたくましい姿があることに百福は気づきます。

パン、イモ、にぎりめし、トマト、きゅうり、ナス……梅田駅の裏手側には、ヤミ市が開かれており、さまざまな屋台が所狭しと立ち並び、食を求めるたくさんの人でにぎわっていました。

このときから、百福は「美味しくて安全な食があってこそ、世の中は平和なのだ」という思いを強くします。

食足りて世は平らか——。四文字にすれば「食足世平」。それが日清食品の企業理念であり、現在まで継承されています。

なんとか食にありつこうとする群衆のなかで、とりわけ百福の目を引いたものがあります。寒さに震えながら、ラーメンの屋台の前で、行列をつくっていた人々の姿です。

「一杯のラーメンのために、人々はここまで努力をするものなのか」

このときの光景が、百福に大きな決断をさせることになります。

47歳　思わぬ転落！　全財産を失う

戦後、百福は食品産業へと乗り出します。といっても、このときはまだラーメンをつくろうとはしていません。

配給制でろくに食料は届いておらず、空腹でバタバタと人が倒れていく状況を見て、百福は「栄養失調で亡くなる人が多い。ここをまずなんとかしなければ……」と考えました。そこで専門家の手を借りながら、栄養剤の開発に取り組むことにしたのです。

当初は、エキスをとるために食用カエルを用いて試行錯誤しましたが断念。しかし、失敗しても諦めないのが、百福スピリッツです。こんな言葉も残しました。

「失敗するとすぐに仕事を投げ出してしまうのは、泥棒に追い銭をやるのと同じだ」※6

百福は食用カエルから牛や豚のエキスに変えて、タンパク栄養剤「ビセイクル」を完成させます。ビセイクルは厚生省にも品質が認められ、同省が管理する病院でも使用されることになりました。

百福の食品産業が順調に売上を伸ばしていくと、従業員もどんどん増えていきます。面倒見がよい百福の家には、多くの若者が寝泊りするようになり、従業員たちと公私を共にしました。

しかし、ここから百福の人生は突如として暗転します。何度も頼まれたので情にほだされて、信用組合の理事長を渋々引き受けたところ、信用組合はあえなく倒産。理事長として社会的な責任を問われることになってしまったのです。

百福は築き上げてきた財産を、47歳でほぼ全部失うことになりました。

48歳

インスタントラーメンの開発に成功

さすがの百福も落ち込み、自宅にこもっていました。ところが、ある日を境に、自宅の裏に作業場をつくっては何かを研究しはじめます。

なあに、なくしたのは財産だけじゃないか――。時間が百福の心の傷を癒し、再び新しい事業へと駆り立てたのです。

その事業とは、ラーメンです。

百福の頭には戦後、ラーメンを食べるために行列をつくる人々の姿が、いまだにこびりついていました。

その光景を目にしてから8年の歳月が経ち、すでに落ちるところまで落ちました。**失うものがない強さが、本当に自分がしたいことへと突き動かした**のかもしれません。

百福はすべての事業から手を引いて、ラーメン1本に絞ることを決断。朝は5時から、夜は1時や2時まで、ラーメンづくりに取り組みはじめます。

百福は5つの条件を満たしたラーメンが開発できれば、人々に浸透するに違いない、と考えました。

それは「味がおいしい」「保存性がある」「簡単に調理できる」「値段が安い」「衛生的で安全」の5つです。

百福は中古の製麺機を購入。中華麺の材料を自転車で研修室まで運んでは、いろんな添加物を加えながら開発に没頭しました。

最大の難関となったのが、「保存性」「簡単な調理」のハードルをどう越えるかです。なんとか麺を保存できないかとさまざまな方法を試してみました。天日干し、燻製、塩漬け……しかし、どの方法もすぐに元へと戻すことができません。

水を吸うと同時に柔らかくなる「高野豆腐」にも目をつけました。しかし、高野豆腐は凍らせて氷の結晶をつくることによって、豆腐に小さな穴ができて、水にひたすと元通りになる仕組みです。その多孔質がなせる業でしたが、麺に穴を開けることなどできるわけがありません。

「保存性が保たれた状態の麺から、手軽な調理を加えただけで、ラーメンになるようにするには、どうするべきなのか……」

壁にぶつかった百福。突破口が見つからないまま、時が過ぎました。

しかし、ある日のこと。妻が「さて、今夜は天ぷらにしましょう」と夕食の支度をしはじめます。その様子をぼんやり眺めていて、百福ははっとしました。

「金網に並んだ天ぷらには、穴が開いている！」

天ぷらは熱い油のなかに入れることで、衣が水をはじき、穴をつくり出します。ならば、麺も熱い油で揚げれば穴ができ、そこから湯を注げば、元通りになるのではないだろうか……。

百福がすぐさま、麺を油に入れると、やはり水分が高温の油ではじき出されました。そうして揚げた麺にお湯を注いでみると、水分が抜けた穴からお湯が吸収され麺全体に浸透し、見事にもとのやわらかい状態に戻ったのです。

「発明や発見には、立派な設備や資金はいらない」※6

そんな言葉を残しているように、何気ない家庭の風景から、百福は思わぬ打開のヒントをつかんだのです。

50代 海外進出、知られざる試行錯誤

48歳にしてインスタントラーメンの開発にこぎつけた百福。

当初は問屋から「こんなけったいなもの、どないもなりません」と怪訝な顔で対応をされたこともあります。今まで見たこともない商品ですから、無理もありません。

しかし、消費者の人気に後押しされると、やがて注文が殺到します。社員はたちまち800人を超え、「サンシー殖産」から「日清食品」へと社名を変えました。

50代を目前にして大きな仕事を成し遂げたのだから、しばらくはゆっくりして、また次の一手を考えるか……。そう考えてもおかしくはありません。しかし、百福は違いま

した。

なにしろ、一度はどん底を経験した身です。**苦労したこれまでの日々が百福をさらなる行動へと駆り立てます。**

販路を拡大するべく、百福はこんなふうに考えました。

「これだけ国内でヒットしたものが、海外で受け入れられないはずがない」

国内で他社の類似品が出はじめたこともあり、いち早く国外に目を向けたのです。とはいえ、単純に海外へと販路を拡大できるわけではありません。なにしろ、西洋人はどんぶりと箸で食事をしません。このハードルを越えるには、商品そのものを見直す必要がありました。

考えていても仕方がないと、すぐに行動する百福らしく動きはじめます。現地に飛び、アメリカやヨーロッパを視察しながら、なんとか解決の糸口を探りました。56歳のときのことです。

滞在中、アメリカ西海岸にあるスーパーを訪れたときのこと。百福がいつものように、インスタントラーメンの調理を実演しようとしましたが、やはりどんぶりがありませんでした。

すると「代わりになるものを」と、スーパーの人が紙コップを持ってきてくれました。そこにチキンラーメンを2つ、3つに折って入れてみたところ、その味は大評判となります。

その場ですぐさま販売契約が結ばれました。しかし、百福は商談がまとまった喜びよりも、まったく違うことに気をとられていました。

「紙コップにはこういう使い方があるのか。新しい即席めんは、紙コップのような容器に入れてみてはどうだろう」

ここから、またもや百福の研究の日々が始まったのです。

◉疲労で「天地がさかさま」に……ひらめいたアイデア

コップ型の容器に入れるとして材質は何がよいのか。熱湯を入れても大丈夫なもので、かつ手に持っても熱くなく、重くないものでなければなりません。

そこで、熱の伝わりにくい発泡スチロールが、材質に選ばれました。発泡スチロールにも改良が加えられました。割れ目ができたり、破れたりしては話になりません。またどうしても臭いがついてしまうことから、容器製造時に熱風で臭いをとる方法も考え出しました。

次に発泡スチロールの容器をどうやって密閉するのか。これについては、紙でアルミ箔をコーティングしている機内食からヒントを得ています。

そのほかにも、片手で持ちやすく、かつ滑りにくい容器のデザイン案をいくつも出したり、中に入れる麺の形を全体に火が通るように工夫したりするなど、いくつものハードルを百福は一つずつ乗り越えていきます。

しかし、最後のステップが、百福の頭を最も悩ませました。

「麺を容器の中に入れるには、どうすればよいだろうか……」

容器より小さい塊にして、単純に容器に落として入れると、落下の衝撃で麺が傷んでしまいます。

そこで百福が考え出したのが「容器の中で宙吊りにする」という方法です。それならば麺がくずれることもなく、さらに容器を補強することにもなり、運搬にも堪えられます。

ところが、上に広がった容器で麺を宙吊りにするという発想は、実現が困難でした。さすがにこればかりはできない……とさじを投げる社員や、容器の形を変えることを提案する者もいました。

そんななか、決して諦めなかった百福は、あるとき、布団の中で天地がさかさまになるという錯覚に陥りました。疲れのせいかな……と思った瞬間、ひらめきます。

「天地の逆転……。そうだ、麺を逆さにおいて、容器を上からかぶせる方法がある！」

布団から飛び起きた百福。これまではずっと容器に麺を入れるという発想だったけれども、麺に容器をかぶせればいいんじゃないか――。

試しに、くるっと1回転させて、容器をゆすると麺が落ち着きました。宙吊りに成功したのです。

百福のこのアイデアは「中間保持」と呼ばれ、現在のカップ麺はすべてこのやり方でつくられています。

61歳 ついにカップラーメンの開発に成功

1971年、ついに新商品「カップヌードル」が誕生。「食器を兼ねるカップ麺」はたちまち話題を呼び、1日で数万食が完売しました。

アメリカに工場をつくると、大量に流通。その後、ブラジル、中国、インド、オランダ、インドネシア、ドイツ、タイ、フィリピン、カナダと広がっていきました。

カップ麺はまさしく「日本発の世界食」として、ワールドワイドに普及することになったのです。

0　10　20　30　40

カップラーメンの開発に成功したのは、百福が61歳のときのこと。つまり、百福の50代は、海外進出のための挑戦にほぼ注がれたと言ってよいでしょう。

グローバル化によって海外流通のハードルが下がった今こそ、百福の生き方から学ぶことは多くあります。

みなさんが、40代までに残した実績のなかで、さらに海外にまで広げられるものはないでしょうか。すでに国外に展開していれば、さらなる新たな国を考えてみるのもよいかもしれません。

ただ、そのときに気をつけたいのが、**現地のスタイルに合わせてアレンジする**ということ。

百福の場合は、試行錯誤をして、どんぶりや箸を用いない西洋人のスタイルに、アジャストさせました。その結果、インスタントラーメンからカップヌードルへと進化させることになり、ともに別物として国内でも流通しています。

「売る場所を変える」ということは、従来の形式を変更させるほどの変革をもたらしま

す。あらためてその商品やサービスの可能性を模索することにほかなりません。

また、「売る場所」だけではなく、**「売るターゲット」を変える**という方法もあるでしょう。

これまで「大人向け」だったものを「子ども向け」にも展開できるかもしれません。のちほど登場する任天堂を率いた山内溥がヒットさせた「ディズニートランプ」はまさにそのパターンです（297ページ参照）。あるいは、男性向けだったものを女性にも支持されるように、フォーマットをいま一度、検討してみるのもおもしろい試みです。

すでに**40代まで残した確かな実績をさらに拡大させるのは、経験豊富な50代に最適なチャレンジ**といえるでしょう。

◉ 何歳になっても「新しいこと」を考えよう

今や世界的な大企業とも言える日清ですが、どんなに規模が大きくなっても、百福のスタンスは変わりませんでした。

会長の身でありながら新商品すべてを味見して、その舌は社員から「ベロメータ」と呼ばれたほどです。90歳を過ぎても宇宙食開発プロジェクトに着手するなど、その好奇心が尽きることはありませんでした。

あるとき、ギャルのガングロのファッションを見て、周囲にこう尋ねたそうです。

「彼女たちはどうしてあんな格好をしているのか？」※7

どんな流行でも、その原因、心理を調べさせ、新事業に生かそうとしていた百福らしいエピソードです。令和の時代をみたら、どんなことに驚き、どんな事業を起こすのでしょうか。

2007年1月5日、百福は96歳でこの世を去ります。亡くなる前年の夏、百福は記者会見でこう述べていました。

「くわしくは話せないが、また新しいことを考えている」※8

ニューヨーク・タイムズは「ミスターヌードルに感謝」という見出しで、永遠のパイオニア・安藤百福の業績を称えています。

50代での海外進出が、その後のグローバルな活躍を方向づけることとなったのです。

安藤百福に学ぶ

大器晩成のヒント

◉ 40代までに残した実績を見つめ直す。

◉ 売る場所やターゲットを変えてみるのも1つの方法。

◉ 何歳になっても好奇心を持ち続ける。

山中伸弥

１９６２〜

医学者

理想と現実のギャップに苦しんだときには、ついつい厳しい現実のほうにケチをつけたくなります。しかし、挫折や困難が進むべき道を照らしてくれることもあります。世界で初めてｉＰＳ細胞の生成に成功した山中伸弥教授もノーベル賞を獲るまでには、紆余曲折がありました。

紆余曲折の20〜40代を経て、50歳でノーベル賞を受賞

略歴 大阪府生まれ。神戸大学医学部を卒業後、臨床研修医を経て、大阪市立大学大学院医学研究科修了（博士）。米国グラッドストーン研究所博士研究員などを経て、２００４年から京都大学再生医科学研究所教授。２０１２年にノーベル生理学・医学賞を受賞。

50歳の若さで、ノーベル生理学・医学賞を受賞——。

京都大学iPS細胞研究所の山中伸弥さんが快挙を成し遂げると、そんなニュースが飛び交うことになりました。2012年のことです。

さぞ順調な研究者人生を歩んできたのだろうと思いきや、その人生は挫折の連続でした。いつも高い壁にぶつかっては、進むべき道を模索する……50歳で偉業が認められるまでは、そんな日々を送っていたのです。

その道のりを振り返ってみましょう。すでに亡くなっている偉人とは異なり現役で活躍されているので、ここからは「山中さん」と呼びたいと思います。

24歳 基礎医学に惹かれたのに違う道へ

「医師になりなさい」

山中さんは中学生の頃から、父親にそんなふうに言われるようになりました。父親はミシンに使う部品を製造する町の工場を経営しており、母親もそれを手伝っていました。

山中さんは、経営者であり技術者でもあった父を尊敬し、自身のことも「科学者的な要素よりも技術者的な要素が強い」と述べています。そんな父親が息子を医師の道へと進ませようとした心情を山中さんは、こう想像しています。

「町工場の経営はそのときどきの景気に左右されがちで、父の工場も浮き沈みが激しかった。引っ越しも何度もしました。お洒落な住宅街に住んでいたこともあれば、東大阪の工場の二階に住んでいたこともあります。父はきっと、こんなしんどい仕事を息子に継がせたくないと考えたんだと思います」※10

数学と物理が好きな科学少年だったという山中さんは、文化祭ではバンドを組み、高校時代は柔道に打ち込むなど学生時代を楽しみながら、高3の夏から受験勉強を本格化させます。

勉強に打ち込んだきっかけの一つが、当時住んでいた奈良の家を売却したことでした。東大阪にある工場の2階へと引っ越すことになり、家業の経営状態が決してよくはないことを察したのです。

「浪人はできない」と猛勉強をスタートさせて、神戸大学医学部に見事、合格を果たします。

医学部卒業後には、こんな悩みに直面したとのちに振り返っています。

「整形外科、循環器科、基礎医学の三つの選択肢の中からどこを選ぶか、かなり迷いました」※10

人生の岐路でどんな判断を下すかで、将来は大きく変わります。もともと研究者に憧れていたため、基礎医学に魅力を感じながらも、周囲から反対された山中さん。整形外科医を選ぶことになりました。

25歳　名前で呼んでもらえず……

研修医として山中さんが勤務することになったのは、大阪国立病院です。真新しい建物に、最新の設備……。恵まれた環境で、医師人生をスタートさせることになったのですから、山中さんが「自分はなんてラッキーなんや」と喜んだのも当然でしょう。
しかし、待ち受けていた研修医としての生活は、想像していたものとはまったく異なるものでした。

学生時代には柔道部やラグビー部といった体育会系の部活に身を置いた山中さんも面食らうほどの、怖い指導医がついてしまったのです。

研修期間中に、山中さんが指導医から名前で呼ばれることはありませんでした。指導医からはこんな言葉を浴びせられます。

「お前はほんまに邪魔や。ジャマナカや」

病院に限らず一般的な会社でも、社内設備など職場のハード面が素晴らしくても、中の人間関係などソフト面が快適でなければ、仕事を続けることは難しくなります。
しかも、山中さんの場合は、厳しい指導医にあたってしまったこと以上の問題がありました。

それは手術に時間がかかり、うまくできなかったということ。上手な人ならば20分で終わる手術を、山中さんは1時間もかかってしまい、指導医だけではなく、看護師、さらには、患者さんからも呆れられてしまう始末でした。

「自分は外科医に向いてないみたいだ……」

かつて、そんなふうに悩んだ偉人が、山中さん以外にもいました。『種の起源』を世に送り出して、世界を驚かせた自然科学者、チャールズ・ダーウィンです。

◉挫折は「自分が進むべき道」に気づくチャンス

ダーウィンは父親が医者だったので、当然のように医学部に入りますが、まったく適性がありませんでした。ダーウィンの場合は、血が苦手で手術室から逃げ出してしまったといいますから、山中さん以上に医師の適性という意味では絶望的でした。

もともと野山をかけまわって自然物を集めるのが、何よりも好きだったダーウィン。

医学部を中退したのち、生物学者への道に突き進むことになります。

もし、ダーウィンが不器用ながらでも、手術がなんとかできていたならば、それほど大胆な進路変更を行うこともなく、「ダーウィンの進化論」が唱えられることもなかったかもしれません。

苦手なことに気づくことで、自分が本来好きだったものにあらためて気づくことができたのです。

そう考えると、**目指した方向で絶望的にうまくいかなかったときは、自分が本来進むべき適性のある方向へ軌道修正する、絶好のチャンス**です。

山中さんの場合は、自分が外科医に向いていない、ということに気づけたと同時に、どれだけ優れた手術を行っても救えない命があることも、身をもって実感したといいます。

「ぼくは難病で苦しむ患者さんを、なんとか治す方法を探したいと考えはじめました。2年間の研修生活が終わるころには、基礎医学への興味が芽生えていました」※10

ダーウィンと同じく山中さんも、**もともと自分が魅了された分野にこそ、進むべき道があると気づくことができた**のでした。

26歳　基礎医学に進路を変更

26歳にして基礎医学へと進路を変更した山中さん。大阪市立大学大学院の薬理学専攻を受験して合格しました。

といっても、大学院生になってからもしばらくは、臨床医になる道をまだ完全に捨てたわけではなかったそうです。とりあえずは答えを出すのを保留にして、基礎医学の世界に身を投じてみようと考えたわけです。

しかし、博士号を取る頃にはすっかり研究にハマってしまい、海外に留学して研究を続けることを決意します。というのも、山中さんにはどうしても身につけたい研究手法があり、それは国内ではほとんど行われていなかったのです。

何のツテもないなか、『ネイチャー』や『サイエンス』などの学術論文誌に掲載されている求人にひたすら応募し、出した手紙は30～40通にもおよびました。芳しい反応がなかなか得られないなか、カリフォルニア大学サンフランシスコ校のグラッドストーン研究所から連絡が来ます。

博士課程で複数の論文を書き上げていたことが、相手の目に留まったとのこと。面接となる電話では「ハードにやれるか？」という質問のみでした。山中さんが「もちろんです」と答えたことは言うまでもないでしょう。渡米後、山中さんは自身の言葉を証明するかのように「ほかの研究者の3倍は働いた」と振り返っています。

それだけハードにやれたのは、自身が夢中になれる道へと進んだからにほかなりません。

山中さんと同じく、外科医になることを諦めたダーウィンもまたそうでした。学生時代は授業をサボってばかりでしたが、博物学者としてビーグル号に乗り、世界一周したときには、帰国時に18冊の野外観察ノートと、4冊の動物学日誌、13冊の地質学日誌を書き上げていました。

苦労を苦労だと思わない分野に突き進む――それこそが夢をかなえる第一歩です。

◉努力が水の泡になったときにブレイクスルーが生まれる

山中さんが海外に行ってまで身につけたかった実験手法とは何でしょうか。それは、特定の遺伝子を働かないようにする「ノックアウトマウス」の作製です。

山中さんはアメリカ留学中に、新しい遺伝子「ＮＡＴ１」を発見。これこそががんを抑制する遺伝子ではないかと考えて、ＮＡＴ１細胞を潰したノックアウトマウスを生成しようとします。

ところが、試みは失敗に終わります。ＮＡＴ１細胞を潰してしまうと、母親の胎内で育つ前にマウスが死んでしまうことがわかったからです。

「NAT1細胞は、がん抑制遺伝子ではなく、マウスの発生に必要な遺伝子だったのか……」

これまでの方針を180度変えなければならなくなりました。山中さんがそう気づいたときの絶望は、察するに余り有るものがあります。

しかし、**へこたれてしまいそうなときこそ、何か大事なことを見落としていないかと考えると、思わぬひらめきが湧いてきたりします。**

山中さんが目をつけたのは、これまで研究の道具としか考えていなかった「ES細胞」のことでした。ブレイクスルーの瞬間を、こんなふうに振り返っています。

「これまでは、目的のノックアウトマウスができたら、ES細胞は
凍らせて保存し、その後、使うことはありませんでした。
それが帰国してNAT1細胞の働きを追究していくうちに、
ES細胞そのものに興味がわいてきました」※10

この転換が世界的偉業となる、人工多能性幹細胞（iPS細胞）の発見へとつながっていくことになります。

挫折はまた新たな気づきを得るチャンス。そのことを山中さんは、これまでの人生からよくわかっていたのでしょう。

50歳 険しい道のりを超えて、ついにノーベル賞を受賞

とはいえ、iPS細胞の発見までの道のりもまた険しいものでした。アメリカから帰国後は、ES細胞の研究が医学にどれだけ貢献できるのかと不安になり、うつ病に苦しんだ時期もありました。

この時点でヒトのES細胞の培養には誰も成功していなかったことを思うと、まさに暗中模索。先が見えずに「もう研究をやめて、手術が下手でも整形外科医に戻ったほうがましなんじゃないか」と思い詰めたといいます。朝も早く起きられなくなり、家族からも「研究から遠ざかったほうがよいのではないか」と心配されるほどだったそうです。

それでも、せっかくここまで積み重ねてきたことを思えば、諦めてはいけない。そんな葛藤があったことでしょう。研究者が少ないテーマだからこそ、自分がやらねばという思いもあったに違いありません。

やがて、山中さんもまた、ほかの多くの偉人たちと同じく**「夜明け前が一番暗かったのだ」**と実感したことでしょう。一番つらい時期に、２つの大きなニュースが飛び込んでいます。

一つは、アメリカでウィスコンシン大学のジェイムズ・トムソン教授がヒトＥＳ細胞の作製に成功したというものです。ＥＳ細胞の研究に注目さえしてもらえれば、山中さんの重ねた実験も大きな意味を持つことになります。

翌年の１９９９年には、奈良先端科学技術大学院大学遺伝子教育研究センターに助教授として採用が決定。山中さんは37歳で初めて自分の研究室を持つことができました。

それから「ヒトの胚を使わずに、体細胞からＥＳ細胞と同じような細胞をつくる」という目標に向けて、ひたすら研究を重ねていくことになります。

山中さんは、こんな言葉も残しています。

「高く飛ぶためには、思いっきり低くかがむ必要があるのです」※10

40代までの人生はずっと低くかがんでいた山中さん。50歳でノーベル賞受賞と、想像よりはるかに高く跳ぶことになりました。

山中伸弥さんに学ぶ

大器晩成のヒント

◉ 軌道修正するときは、より大きい夢のほうへ。

◉「挫折は新たな気づきを得るチャンス」と心得る。

◉ 失敗すらも楽しめる「心躍るジャンル」に身を投じる。

チャールズ・ブコウスキー

1920〜1994
作家・詩人

どんな状況でも書き続けて、50歳で「労働者の文学」が花開く

どれだけ人生が絶望に満ちていても、またどれだけ社会に拒まれても、自分の好きなことを続ける執念がブコウスキーにはありました。その原動力はどこにあったのか。50代で花開いたアメリカ詩人の登場です。

略歴 ドイツ生まれ。3歳でアメリカに移住。ロサンゼルス・シティ・カレッジを中退したのち、アメリカ各地を放浪。皿洗いやトラック運転手、郵便配達人など数多くの職に就く。24歳で最初の小説を発表し、その後は郵便局に勤務しながら創作を続け、数多くの詩集や小説を発表した。

13歳 虐待を受けつつ、創作にのめり込む日々

こんなことを続けていても、仕方がないのかもしれない……。
夢を追い続けて努力しているのに、いつまでも結果が出ないでいると、そんなふうに心が折れてしまいそうになります。

アメリカの作家チャールズ・ブコウスキーは、ひたすら詩や物語を書き続けて、50代でようやく世間に認められました。
自身の作家性に気づいたのは、13歳の頃だったといいます。

「最初に書きはじめたのは、学校のノートだったかな。鉛筆があったから何となく書きはじめて、言葉で埋めていったんだ。初めて片鱗をのぞかせたのは、その時かな」※12

鉛筆でノートに書くと、よい気分になったとブコウスキーはのちに振り返っています。

初めて書いた物語は、第一次世界大戦で活躍して「レッド・バロン（赤い男爵）」と呼ばれた陸軍軍人ファン・リヒトーフェンの話でした。

ブコウスキーが創作にのめりこんだのは、家での時間があまりに苦痛だったからです。幼い頃から父から虐待を受けて、6歳から11歳まで、週に3回はムチでぶたれました。

ブコウスキーは父のことを「冷徹な男で何度も何度も叩かれた」としながら、こんなふうにも言っています。

「親父は文学の先生だ。苦痛の意味を教えてくれたのは彼だから」※12

長きにわたる虐待の影響で顔から全身にかけて悪性ニキビが発症。写真を撮られるのを嫌がりました。青春を謳歌する同級生を横目に、ブコウスキーは孤独な学生時代を過ごしたのです。

21歳 アメリカ放浪の旅に出る

ブコウスキーはロサンゼルス・シティ・カレッジに入学し、ジャーナリズムを専攻しますが、中退。「2年いたが何もしなかった。芝生で寝て授業をサボっていただけ」と振り返っています。

新聞記者の仕事に就きたいと考えたものの、あまりに狭き門でした。履歴書を送っても、それっきりだったといいます。ブコウスキーは21歳で、アメリカ放浪の旅に出ることにしました。

安宿を転々としながら、1～2週間の肉体労働で日銭を稼ぎました。食事は1日1本のチョコバーのみ。

短編小説を何本か書いて雑誌社に送りましたが、反応はありません。先の見えない不安定な生活は、暗いトンネルの中にいるようでした。それでもブコウスキーは、こんなふうに言い聞かせながら書き続けます。

「夜、寝そべっていたらもうやめようと思ったが、
心の声がやめるなと言った。
その小さな種火を残し、その火を絶やさないで。
種火さえあればまた大きく燃え上がるから」※12

23歳 ついに、雑誌社から短編の採用通知が！

心に灯る火を決して消してはいけない——。

ブコウスキーは執筆を続けながら、婦人服店で働くようになります。ある日、仕事から帰ると、なんと短編の掲載通知が届いていました。

ついに自分の文章が掲載される。最初にその喜びを味わったのは、ブコウスキーが23歳のときのことでした。

しかし、文章が一度掲載されたからといって、人生がすぐに動き出すわけではありません。その後はぱっとしないまま、ブコウスキーはロサンゼルスに戻り、郵便局で働くようになります。

しかし、規則に縛られるのが苦手なブコウスキーは、仕事をサボりがちで、上司にも目をつけられてしまいます。

「みんなほど仕事に興味が持てなかった。他人にわかってしまうほど仕事が嫌いだった」※12

郵便局は2年半で辞職。すでに心身ともに限界だったのでしょう。ひどい潰瘍を患い、症状がひどくなると総合病院へと運ばれました。

口からも尻からも血が噴き出て、医師も死をほのめかすほどの重症でしたが、何とか持ちこたえました。

「死ぬはずだったのに、死ななかった。自由になれた気がした。やり直せる気がした」※12

死を覚悟したことで、やるべきことがはっきりとしました。自分はやはり幼少期から親しんだように、文章をずっと書いていきたい。そう考えたようです。

退院後、ブコウスキーはトラックの運転手になりました。毎日酒を飲むようになりましたが、同時に夢も追いはじめます。タイプライターを買い、再び書きはじめたのです。

37歳〜 郵便局の夜勤で働きながら書き続けた

かつては短編を書いたブコウスキーでしたが、今度は詩を書きはじめました。コツコツと何百と詩を書いては、送り続けた理由をこう語っています。

「詩は金にならない。でも必要なのは形式だった。情熱的で心地のいいわがままな形式。叫びたかった」※12

飲んだくれながらも、ずっと投稿し続けていると、掲載される機会も増えて、少しずつ作品も注目されはじめます。『ハーレクイン』誌の編集者バーバラも、ブコウスキーの作品に惹かれた一人でした。

ブコウスキーとバーバラは手紙を通じて、お互いの孤独を語り合うようになります。1957年、ブコウスキーが36歳のときに、二人は結婚しますが、翌年には離婚しています。

私生活でそんな経験をしながらも、ブコウスキーの執筆への意欲は何ら衰えることはありません。ブコウスキーは37歳で再び郵便局に勤めることになります。前回は配達員でしたが、今回は内勤で夜に働くことになりました。

「つまらない仕事だが、すべて夜だから。どっちにしろ、夜は眠れない」※12

書き続けるための状況を整えたといえるでしょう。それから実に12年にわたって、ブコウスキーは郵便局で働きながら、ひたすら文章を書きました。この37歳から49歳までの期間が、ブコウスキーにとっては「大いなる助走」となったのです。

転機となったのは「オープンシティ」という雑誌が創刊されて、そこで「オヤジ日記」（ブコウスキーノート）の連載を始めたことでした。ブコウスキーの笑える物語は、労働者の間で仕事明けの楽しみとして、人気を博すことになります。

雑誌が廃刊になっても、他誌へ移行するかたちで連載は続行。ブコウスキーを取り巻く状況が、じわりじわりと変化しはじめていました。

50歳 「労働者の文学」として大ブレイク

面白い文章を書くオヤジがいる――。ブコウスキーは連載開始から半年で、急速に名が知られるようになります。

ジョン・マーティンは、ブコウスキーの作品に夢中になるあまり、「彼の本を出したい」とブラック・スパロウ・プレスを設立。ジョン・マーティンは「専業作家になって書いてほしい」と提案します。

しかし、即断するには、ブコウスキーはあまりにも挫折を経験しすぎていました。本当にそんなにうまくいくのか。安定した職に就きながら、これまでのように創作をする道が安全ではないか――そんな迷いもあったことでしょう。

熟考の末、ブコウスキーは郵便局の退職を決意します。そのきっかけについて、こう語っています。

「何も書かなくても一生毎月１００ドルやるといわれた。それで信じる気になれたよ」※12

確かに破格の条件ですが、相手は会社を立ち上げたばかり。実際にどこまで継続して支援してくれるのか。確証は何もありません。それでも、ブコウスキーからすれば、そこまで言ってくれる人がいることに、大いに勇気づけられたことでしょう。

実は私も40歳で会社を辞めて専業作家になるという決断を下したのは、古くからの知り合いの編集者が「真山さんなら、きっと大丈夫ですよ」と言ってくれたのが、きっかけでした。自分をよく知る人から太鼓判を押されることほど、頼もしいものはありません。

こうしてブコウスキーは、50歳にしてついに専業作家になることができたのです。

ブコウスキーの小説や詩は労働者のための文学として人気に火がつき、朗読会を開けば６００人、７００人がつめかけました。ブコウスキーの作品は世界中で翻訳され、30、

40版を重ねています。

小さな種火は、何十年とくすぶり続け、大きな火柱となって燃え上がったといえるでしょう。

ずいぶんと年月がかかりましたが、そのプロセスにこそ意味があると、ブコウスキーは考えていたようです。

「遅咲きだから強い。神々が守ってくれたんだ。
それは本当のことだ。
ちょうどいい時期と場所に鍛えられ、今でも味方さ」※12

また「何歳まで生きたいか？」という質問には、次のように答えています。

「何歳まで生きるかではなく、いつまで書いていられるかだから、
答えられない」※12

ブコウスキーが亡くなったのは1994年3月、73歳でのこと。のちに最高傑作と評される遺作『パルプ』を発刊してすぐのことでした。

ブコウスキーに学ぶ
大器晩成のヒント

◉内なる声にしたがって、「やりたい！」を諦めない。

◉状況はある瞬間に大きく変化するから、それまでやりたいことを続ける。

◉結果を急がない。遅咲きだからこその強さがある！

第2章

50代以降から新たな挑戦を始めた偉人たち

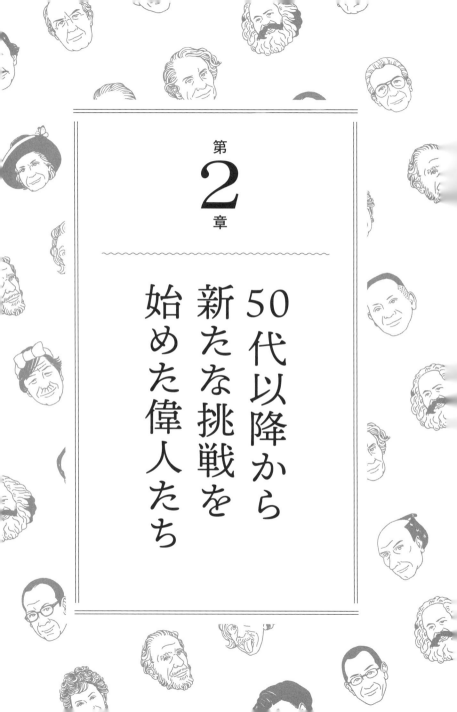

アインシュタイン

1879〜1955
物理学者

ノーベル物理学賞受賞後の50代に新たな挑戦を始める

相対性理論を発見して世界を驚かせたアインシュタイン。「天才」という呼び名が最も似合う偉人といってもよいでしょう。しかし、そんなアインシュタインも50代から新たな挑戦を始めて、壁にぶち当たっています。アインシュタインが晩年抱えた孤独とは……。

略歴 ドイツのウルム市生まれ。理論物理学者。1921年、光量子仮説に基づく光電効果の理論的解明でノーベル物理学賞を受賞。「特殊相対性理論」「一般相対性理論」などを発表し、世界に名を馳せた。「20世紀最大の天才」「現代物理学の父」とも呼ばれる。

◉どうしてもノーベル賞を獲らなければならなかった理由とは？

「予告ホームラン」ならぬ、「予告ノーベル賞受賞」をやってのけたのが、20世紀の最高の科学者と称される、アルベルト・アインシュタインです。

アインシュタインはチューリッヒ工科大学に在学中、学友のミレヴァ・マリッチと恋に落ちると、両家の反対を押し切って、学生結婚に踏み切りました。

それから時を経て、40歳のときにアインシュタインは、長い年月をともにしたミレヴァに「必ずノーベル賞を獲るから！」と約束。２年後の１９２１年、見事にノーベル賞を受賞しました。

ほほえましい話のようにも聞こえますが、そうではありません。アインシュタインには、どうしてもノーベル賞を受賞しなければならない理由があったのです。

アインシュタインはこのとき従姉のエルザに夢中になり、結婚生活はすでに破綻。エルザと再婚するために、ミレヴァとは早く離婚したいと考えていました。

ネックとなったのが財産分与で、アインシュタインは彼女にこう申し出たといいます。

「いずれノーベル賞を獲るから、その賞金を慰謝料としてあげる」

これで本当に受賞してしまうところはさすがですが、アインシュタインは自分の研究成果に自信がありました。26歳のときに書き上げた４本の論文は、いずれも世界を変えるほどの新発見だったのです。

１９０５年６月に光電効果についての論文を発表。金属に光をあてると電子が飛び出すことを証明したのを皮切りに、７月にはブラウン運動についての論文を発表し、流体中の粒子の不規則運動について例証に成功しました。

そして９月には、空間と時間について新しい概念を述べた「特殊相対性理論」を発表したかと思えば、11月に「質量とエネルギーの等価性」の論文を世に出して、「ある物体の質量から、その物体のエネルギーを測れる」ことを説きました。

世界を驚愕させる論文を、１年で４本も発表したアインシュタイン。この年は「アインシュタインの奇跡の年」と呼ばれています。

1910年からほぼ毎年のようにノミネートされていることもあり、ミレヴァもまた、夫としてはいささか問題の多いこの男が、いずれはノーベル賞を受賞すると確信していたのでしょう。離婚に合意すると、子どもたちと一緒にアインシュタインのもとを去り、のちにノーベル賞の賞金を慰謝料として受け取っています。

ノーベル賞を受賞すると、天才アインシュタインは一躍「時の人」となりました。

まさに順風満帆。そう誤解されやすいですが、**アインシュタインの人生は、どの時期においても、多難の連続でした。**

そして50代からは新たな挑戦に踏み切ったものの、大きな壁にぶつかることとなります。その生涯が尽きるまで、常に難問を相手に奮闘していたことは、それほど知られていません。

23歳 就職活動に大苦戦、なんとか職を得る

「この針は一体、何に動かされているのだろう？」

5歳のときのことです。アインシュタインは父から方位磁石をプレゼントされると、たちまち夢中になりました。方位磁石の針が動いているのを見て「動かされている」と発想するところが、アインシュタインの非凡さをよく表しています。

この針を動かす「見えない力」の正体は何か？　謎を突き止めるために、アインシュタインは生涯を捧げたといっても過言ではありません。

12歳でユークリッド平面幾何学の本に心をわしづかみにされると、13歳のときには、ルードヴィヒ・ビュヒナーの『力と物質』をむさぼるように読みました。自身の独学について、こうふり返っています。

「12歳から16歳の間に、微積分学の諸原理を含む数学の初歩を学んだ」※14

しかし、多くの偉人がそうであるように、アインシュタインもまた得意な科目と苦手な科目がはっきり分かれていました。好きだった物理と数学以外の科目は、ほとんど興味が持てなかったようです。

そのため、スイスの名門であるチューリッヒ連邦工科大学の受験では、総合点が足りずに不合格に……。それでも数学と物理が受験生の中で最高得点だったため、中等教育を学び直すことを条件に、翌年に入学を果たしています。

しかし、せっかく入った大学では授業をサボりがちで、教授の言うことに聞く耳を持ちません。実験も自分のやり方を貫いて、一部の教授から反感を買うことになります。

助手にもなかなかなれずに、就職活動では大苦戦をしました。「就職先を決めなさい」と実家からプレッシャーをかけられるなか、恋人のミレヴァから、まさかの報告を受けます。妊娠したというのです。

多方面から人生のピンチを迎えて、教授陣への愚痴も過激さを増しました。

「ほんとにひどいよ、あの老いぼれ俗物連中が同類じゃない人間の邪魔をすることといったら……」※15

友人の伝手を頼って、なんとかスイスの特許庁で職を得たのは、23歳のときでした。

研究者人生の序盤からつまずいてしまったアインシュタイン。しかし、この就職活動の失敗が、思わぬ恩恵をもたらすことになります。

26歳 重要な論文を4つも発表した「奇跡の年」

研究者にならずに特許庁で勤務することになったアインシュタインですが、やがて仕事内容が物理学の研究とかけ離れたものではない、ということに気づかされます。

というのも、特許の業務では、申請された技術や製品について、どんな点に独自性があるのかを見極める必要があります。

この発明の核心部分は、いったいどこにあるのか……。

アインシュタインは特許の仕事を通じて「必要最低限の要素を探る」という思考術を磨くことができました。それは、物理学の理論を構築するにあたって、最も重要な思考プロセスでもあったのです。

また、特許庁での勤務は労働時間が決まっていたため、空いた時間に自分の論文に取り組めました。もし助手として教授の研究を手伝っていれば、このようにはいかなかったでしょう。

そしてアインシュタインは、前述した「奇跡の年」を迎えます。1905年に重要な論文を4つも書き上げました。さらに1916年には、特殊相対性理論を一般化した「一般相対性理論」を発表しています。

転機となったのは1919年、ロンドンのタイムズ紙が「ニュートン理論が覆される」と、アインシュタインの発見を取り上げたこと。その日を境に、世界中のマスコミから注目されるようになったのです。

アインシュタインを取り巻く世界の認識が「落ちこぼれ」から「天才物理学者」へと急速に変わっていきました。こんな自身の名言を、まさに実践したといえそうです。

「成功した人間になろうとするな。
むしろ、価値のある人間になろうとせよ」※16

ノーベル物理学賞を受賞後、アインシュタインはさらに「価値のある人間」になるべく、ある挑戦をします。

それが「統一場の理論」の構築でした。

49歳 50歳を前に挑んだ「統一場の理論」

1928年、50歳を前にして新たに挑戦した「統一場の理論」について、アインシュタインがやりたかったことは明白です。

それは、「自然界にあるすべての物理現象を一つの式で表す」ということ。重力と電磁気学を統一し、ただ一つの方程式で説明しようと考えたのです。

アインシュタインはこの年の暮れまでに研究を完成させ、1929年1月30日に発表しようと考えていました。

ところが、どこからか情報が洩れると、各メディアは大騒ぎに。一般の読者には理解できないにもかかわらず、ドイツ語で書かれた元原稿の複写や、訳として用いられた用語や記号などが、新聞の一面に大々的に掲載されました。

ノーベル賞受賞から8年が経過し、再びフィーバーを巻き起こしたアインシュタイン。

数日後に50歳の誕生日を迎えるにあたって、ちょっとした事件も起きました。ベルリン市は、ハーヴェル河ほとりの別荘を、アインシュタインにプレゼントしようとしました。ところが、いざ手続きを進めようとすると、市は別荘を所有しておらず、すでに誰かに貸していたことが発覚します。

その土地をすでに気に入ってしまったアインシュタインは自分で別荘を建てようと、再婚した妻のエルザと一緒に何度も下見を繰り返す……という、よくわからない状況になってしまったとか。

何かと周囲が騒ぎ立てるなか、アインシュタインは仕事面でも多忙を極めます。科学者ロバート・A・ミリカンからの「カリフォルニア工学研究所の客員教授になってほしい」という要望にも応えました。ブリュッセルに短期滞在し、ベルギーのアルバート国王とエリザベス皇后に面会したのちに、いったんベルギーに戻ってからアメリカへ向かいました。

渡米して5日間は講演や祝典に追われながらも、カリフォルニアの研究所に着くと、「統一場」の研究へと戻っています。

しかし、そんな研究活動は平和の上に成り立っていることを、アインシュタインは痛感することになります。

53歳 ナチスを批判して殺害者リストに入れられる

1933年1月30日、ヒンデンブルク大統領は、アドルフ・ヒトラーを首相に任命。ここに、ナチ党や国家人民党などの右翼勢力の連立によるヒトラー内閣が成立しました。カリフォルニア州のパサデナで、統一場の研究をしていたアインシュタインは、大きな決断を下します。

「私は、故国へ戻らない」

ニューヨークで記者会見を開くと、アインシュタインはそう宣言し、二度とドイツに戻ることはありませんでした。

それも無理はありません。ナチスは公然とユダヤ人迫害を始めると、ユダヤ人で反戦

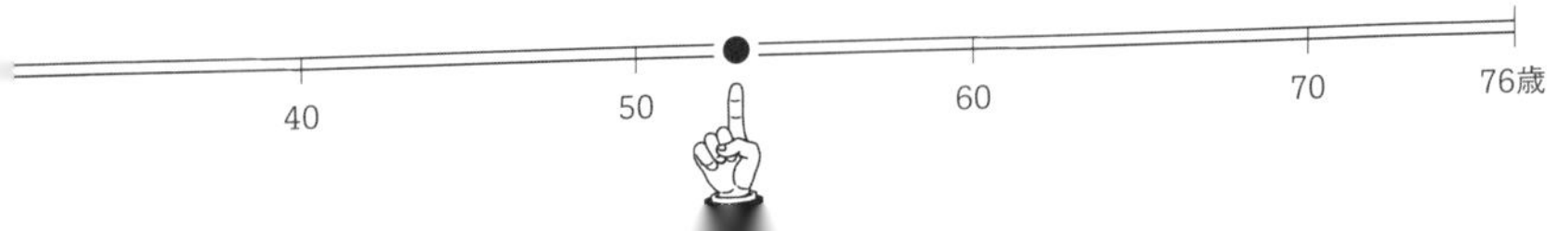

活動を行うアインシュタインのことを敵視。相対性理論をインチキだと罵倒して、アインシュタインの著作を焼き払ったのです。

さらに「大量の武器が隠されている」という疑いから、アインシュタインの別荘の捜査まで行いました。

アインシュタインは移動中の船上からラジオを通じて、ナチスによるユダヤ人への無差別暴力を非難する声明を発表。それに対してナチスは、アインシュタインの銀行口座に手を出して、預金と有価証券をすべて没収するという暴挙に出ています。

しまいには、「アインシュタインを殺した者には５０００ドルを与える」と懸賞金までかけました。身の危険を感じたアインシュタインが、アメリカへの移住を決めたのは、もっともな選択でしょう。

母国のドイツ以外のあらゆる国から講演の依頼が殺到していたアインシュタインは、１９３３年9月から1カ月、イギリスに滞在。ドイツから亡命してきた学者を援助する「亡命者救済基金協会」が主催する講演会でこう訴えました。

「もし自由がなかったならば、シェイクスピアもニュートンも、ファラデーも、パストゥールも、生まれてこなかったであろう。また、自由がなかったなら、鉄道もラジオも、人の住む立派な家も、世間一般の文化も、生まれてこなかったであろう」※17

アインシュタインにとっては、新しい挑戦に向けた意欲的な時期となるはずだった50代は、平和を脅かす陰鬱な雰囲気に覆われることになりました。どうしてみんな自分のことを放っておいてくれないんだ。そうため息ついた夜もあったことでしょう。

しかもプライベートでは、1936年に妻のエルザが闘病の末、60歳で死去。アインシュタインは57歳にして、伴侶を失います。

◉天才ゆえの孤独とも闘いながら

アインシュタインを取り巻く状況を考えると、困難なことに挑戦することなどメンタル的にも難しそうです。しかし、アインシュタインの場合は、難題に取り組むこと自体が、何よりの楽しみだったのでしょう。

現実から逃れるように、アインシュタインはアメリカの地で、統一場理論の研究に情熱を注ぎました。

次第に社交の場からも足が遠のくようになります。アインシュタインの孤独は、同じ科学者でさえも癒すことはできませんでした。はるか先の研究を行うアインシュタインに、ついていける者は誰もいなかったからです。

結局、アインシュタインは統一場理論の研究に30年かけたものの、答えを見つけることができないまま、１９５５年に76歳で没しています。

「責任世代」と言われるように、仕事もプライベートも責任ある立場となり、ストレスをためやすいのが50代。予想外の出来事に心が折れやすい時期ともいえます。

それだけにアインシュタインのように、**この時期に人生をかけないと解決できないような難問に挑むことは、周囲の喧騒から逃れる有効な方法**かもしれません。

自分が死ぬまでにやっておきたいことは何なのか？
いま一度見つめ直したうえで、大きな夢を持ち、毎日一歩でもいいから前に進む。そのことが、充実した晩年を迎える準備へとつながっていくのではないでしょうか。

アインシュタインに学ぶ
大器晩成のヒント

◉「人生は思いどおりにいかないもの」と悟って目の前のことに向き合う。

◉自分が好きなことに打ち込める環境に感謝しよう。

◉「自分が死ぬまでにやっておきたいことは何なのか？」を考えてみる。

渋沢栄一

1840〜1931
実業家

500もの会社をつくった「資本主義の父」が次々に挑戦した理由

どうしても年を重ねるほど、新しいことに手を出すのがおっくうになりがちです。最初は乗り気でないことでも、何かひっかかるものがあるならば、トライしてみる価値はあるはず。「自分を変える」ことに長けた渋沢栄一は、どのような心持ちで、50代で新分野に挑戦したのでしょうか。

略歴 埼玉生まれ。一橋家に仕えて幕臣となる。パリ万国博覧会幕府使節団の一員として渡欧。明治維新後は、大蔵省官吏を経て第一国立銀行を設立。王子製紙、大阪紡績など各種の会社の立ち上げに参画。実業界の指導的役割を果たした。引退後は社会事業に尽くす。

年を重ねても、生涯現役で働き続ける――。

「人生100年時代」を迎えた今、そんな生き方がスタンダードになりつつあります。

しかし、難しいのが、張り切りすぎて若手の邪魔をしてしまったり、時代錯誤の価値観を持ち出してしまったりしてしまえば、たちまち「老害」扱いされてしまうということ。

老害だと迷惑がられることなく生涯現役でいるには、どうするべきなのでしょうか。

その一つの答えとして、渋沢栄一の生き方が参考になりそうです。

◉当初はやる気がなかった事業に燃えた理由

渋沢は激動の明治期において、500社もの会社経営に携わりました。「資本主義の父」と呼ばれるのにふさわしい八面六臂の活躍です。

しかし、あまりに多岐にわたる分野で貢献しただけに、渋沢が行った一つひとつの事業は、やや埋もれがちです。

特に渋沢が50代にして、教育分野において画期的な支援活動を行ったことは、それほど知られていません。

それは「女子への高等教育の充実」です。今でこそ、女性の社会進出を促す声が高まって久しいですが、渋沢が駆け抜けた明治時代は、男尊女卑が公然と行われていました。そんななかで、女子の高等教育に早々と着目した渋沢の先見性には驚かされますが、実のところ、当初はまったくやる気がなかったそうです。

女学校の校長だった成瀬仁蔵から、女子大学の設立について相談されたときに、渋沢はこんなことを言いました。

「私は漢籍で修養してきた人間だから、『女子と小人は養い難し』という考えを持っている」※18

女性と徳のない人間は、近づけると図に乗るし、遠ざければ怨むので、扱いにくいものだ――。渋沢の旧態依然とした見解には、成瀬も「あなたまでがそんなことを言われては困る」と悲嘆したそうですが、無理もありません。渋沢もまた当時の男尊女卑の価値観に染まりきっていたのです。

もし、このままの考えを持ち続ければ、渋沢ですらも現代では「老害」と疎まれたかもしれません。

ところが、**渋沢の強みは「自分を変えられる」ということ。**50代にしてもなお、渋沢は大胆な自己変革に成功しているのです。

23歳 過激な思想に走って郷里から追われる

渋沢は人生の局面局面でドラスティックな変化を迫られて、その都度、見事なまでに対応してきました。ポイントを挙げながら振り返っていきましょう。

実業家として名をはせた渋沢ですが、実家は農家で、幼いころは家業の農家や藍玉製造、養蚕を手伝っていました。

しかし、江戸に2カ月ほど遊学したことで、その価値観は一変します。このままでは、この国は外国に支配されてしまうと、尊王攘夷活動に目覚めたのです。

尊王攘夷とは、幕府ではなく天皇を中心とした仕組みにガラリと変えて、一丸となり外国人を撃退するという考えのこと。海外と通商を行う「開国」とは、真逆の考え方です。

尊王攘夷に心を動かされた渋沢は、横浜を焼き討ちにして、外国人を片っ端から斬殺するという、恐るべき計画を立てます。それだけではありません。襲撃の前に、群馬県高崎市にあった高崎城を乗っ取り、兵を整えてから、横浜への進軍も考えていたのです。現実味のない荒唐無稽な計画でしたが、約70人も集めてしまうところは、プレゼン力に長けた渋沢だからこそかもしれません。

もっとも、当時は国の行く末を真剣に考える若者ほど、尊王攘夷活動に走りがちでした。渋沢が憧れた従兄弟の尾高長七郎がまさにそうです。長七郎は江戸と行き来しては、尊王攘夷について学びを深めて、渋沢に話して聞かせるのが常でした。兄貴分のような存在だったといってよいでしょう。

渋沢は、攘夷活動を行うにあたって実家に迷惑をかけられないと、父と絶縁。しかし、いざ実行しようとしたときに、仲間から「待った」がかかります。計画に反対したのは、江戸から帰ってきたばかりの長七郎でした。

渋沢からすれば、計画を最も喜んでくれる相手のはずですが、長七郎は早くから攘夷活動を行っていたため、その限界に気づくのも早かったのです。すでに決起した同志たちが、幕府にあっけなく鎮圧され、実行犯は次々と捕まっていました。

「いまの70人や100人の寄せ集めの兵では、何もすることができない。万一、計画どおりに高崎の城が取れたにせよ、横浜へ兵を出すことは思いもよらぬことである。すぐに幕府や近隣の諸藩の兵に滅ぼされてしまうことは明らかだ」※20

そう主張する長七郎と、長時間の議論の末、渋沢は計画を断念。とはいえ、実家とは縁を切ってしまっています。また計画を知った幕府の役人に捕まる危険性もあります。とにかくここから離れなければ——。渋沢は従兄弟の渋沢喜作とともに、京都や江戸に出向いて、食い扶持を探すことになりました。

24歳 「幕府をつぶす」はずが一橋家に任官

紆余曲折を経て、渋沢と喜作は一橋家に仕官します。当主は、のちに最後の将軍となる徳川慶喜です。あれだけ尊王攘夷では「幕府を倒す」と言っていたことを思えば、意外な「就職先」です。

現に喜作は、当初「今になって幕府と深い関わりのある一橋に仕官するということになれば、『とうとう行き場所がなくなって、食べるために仕官した』と言われるだろう」と抵抗します。

しかし、渋沢は攘夷活動で逮捕された仲間に思いを馳せながら、「貧乏な浪人の立場よりも一橋家の家臣のほうが、仲間を救い出せる可能性が高い」と反論。こう結論づけて、喜作を説得しています。

「一橋家へ仕官する選択は、案外、一挙両得の上策であろうと思われる」※21

状況に応じた、この柔軟性こそが渋沢の武器です。何が起こるか予想できない、激動の幕末では、特に大事なことでした。

一橋家で渋沢は、出入口の番人や渉外の事務などの任務をこなしながら、一橋家の人材登用や財政改革でも力を発揮します。

その後、将軍となった慶喜から推薦を受けて、渋沢はパリで行われる万国博覧会に同行。そこで海外の進んだ文化や文明を目の当たりにして、「開国論者」「近代論者」へと変貌していきます。

28歳 時代のうねりの中で呆然自失

尊王攘夷活動に傾倒したのが10代後半から23歳の頃で、一橋家に仕えたのが24歳。そして、パリ万博に随行したのが27歳のことです。

30歳を迎えるまでに、大きな価値観の転換を行った渋沢でしたが、むしろ変化を迫られたのは、それから後のことです。

徳川慶喜が政権を朝廷に返したらしい――。そんな衝撃の知らせを、渋沢はパリで聞くことになります。

「ともかくも帰国して、幕府の衰亡のありさまを目撃し、かつ自分の方向性をも定めよう」

そう決意した渋沢は帰国を果たします。聞けば、かつて行動をともにした従兄弟の喜作は函館にいるといいます。明治新政府と戦うつもりのようです。

なるほど、幕臣としての使命を果たす。その生き方は美しいかもしれません。しかし、渋沢は冷静に考えて、無駄死ににになるとしか思えませんでした。かつて無謀な攘夷計画に走ろうとした自分と同じです。

「力の足りない相撲取りが土俵際で相手と組んで、その状態を維持しようとするのと同じで、決して勝利を得ることはできない」※21

とはいえ、渋沢も心細い思いに駆られていたことでしょう。

新政府との無謀な戦いに挑む気は起きないが、仕えていた幕府はすでに崩壊しました。

先行きが見えないことには慣れているものの、時代が丸ごと変わったのは初めてのことでした。

「いったいどのように生きていくかという点については、ずいぶん行き詰まってしまった。別に他人より優れた才能や技術があるわけでもない」※21

28歳にして途方に暮れた渋沢。そんなとき、渋沢を歴史の表舞台に引っ張り出す人物が現れます。総理大臣を2度も務めて、「円」を創始することになる大隈重信です。

33歳 大蔵省から実業家に転身

大蔵省で租税を扱う仕事をしてほしい――。

ある日、東京の太政官に呼び出され、いきなりそういわれた渋沢はすっかり面食らってしまいます。

「大蔵省には一人の知人も友人もいない。またその職務も少しも経験のないことだから、どうしてよいかさっぱり様子がわからない」

なにしろ税のことはまったくわからないし、この頃、渋沢は隠居していた慶喜のもとで生涯を送ろうと考えて、静岡藩で財政改革に着手したばかりでした。

いったい自分を推薦したのは誰なのか。大蔵省を調査したところ、大輔という役職に大隈重信、少輔に伊藤博文という人物が、それぞれ就任していることがわかりました。実権を握っているのはどうも大隈らしく、今回の任命にも携わっているのだろうと、渋沢は考えをめぐらせます。

大隈重信のもとに出向いて、辞退の意向を告げると、渋沢はこんな言葉をかけられました。

「しかしその仕事は、わずかに静岡藩の一部に限られている仕事である。ところが、われわれがこれからやろうという仕事は、そんな小さなものではない。日本という一国を料理するきわめて大きな仕事である」※21

そこまで期待されれば、渋沢も引き受けざるを得ませんでした。ただし、条件として、

「改正掛《がかり》」という改革のための部署を新たに設立し、自分で人材発掘をさせてほしいと要望しました。

それが認められると、渋沢はのちに「日本郵便制度の父」と呼ばれる前島密や、「日本造船の父」と呼ばれる赤松則良らを改正掛に登用。意欲満々に、3日も4日も徹夜しながら、全国測量を企画し、租税の改正を推進しました。

明治4（1871）年からは、大蔵卿には大久保利通、大輔には井上馨が就任。渋沢は大蔵大丞《だいじょう》という役職が与えられ、さらに辣腕を振るいました。

同年に廃藩置県が断行されると、大蔵省で抱える仕事がさらに増加。渋沢は多忙を極めます。なにしろ、陸海軍の費用が増加し、文部省や司法省などあちこちからも支出を求められるなか、それに対応するのは大蔵省だけです。

しかも、歳入がまったく追いつかず、財政問題はいよいよ深刻になりつつありました。渋沢はいま一度、自分の役割を振り返りました。

「今の形で大蔵省の会計を携えていくことは、自分には目的が欠けている」※21

渋沢が頭にずっと描いていたことを、いよいよ実現するタイミングがやってきました。それは、産業の発展です。

井上とともに大蔵省を辞した渋沢。海外で「bank」と呼ばれていた金融機関をどう日本語に訳するかに苦心して、ついに決めました。

「銀行」。これこそが、紆余曲折を経た渋沢が実業家として飛躍する、最初の舞台となりました。33歳にしての大転換です。

40代〜 実業家として羽ばたき、女子教育にも尽力

大蔵省を去る道を選んだ渋沢。

これまでも何度となく、行く当てがなくなることはありました。そのたびに「これか

らどうするべきか」を考えあぐねたものですが、このときばかりは違いました。
明治維新による近代化の流れの中で、渋沢の実績と経験を考えれば、活躍の場は無限にあったといってよいでしょう。
先輩や友人からは「官を辞職して民間に行くなんてもったいない」という反対も寄せられました。渋沢は「もし私に働きがあるとすれば、なおさら官界を去らなければならない」として、こう説明しました。

「もし人材がみな官界に集まり、働きのない者ばかりが民業にたずさわるとしたら、どうして一国の健全な発達が望めましょう」※22

さらに、渋沢は愛読書の『論語』を引き合いに出して、こう決意を語っています。

「私は商工業に関する経験はありませんが、『論語』一巻を処世の指針として、これによって商工業の発達を図ってゆこうと思います」※22

明治6（1873）年、日本初の銀行となる第一国立銀行（みずほ銀行の前身の一つ）を発足。以降、渋沢栄一のもとには、さまざまな事業に関する相談が寄せられました。40代と50代は実業家として、ありとあらゆる分野の事業に携わったといってよいでしょう。

そんななか、冒頭のように成瀬から女学校設立を持ち掛けられたのは、渋沢が56歳のときのこと。渋沢としては、女性も教育が必要だとは思いながらも、社会進出を促すことには、慎重な姿勢を示していました。

それでも成瀬が熱心に「女子を人として、婦人として、国民として教育する」というモットーを語るので、渋沢も考えを変えていきます。

ちょうど数回のアメリカ視察旅行を通じて、渋沢が社交界の夫人たちと交流を持ったことも、価値観をアップデートさせるのに役立ったようです。

『成瀬先生追懐録』で、渋沢は成瀬との思い出をこう語っています。

「多少は言い争うようなこともありましたが、段々と成瀬君の熱心な精神に引き入れられていったのと、自分が最初疑問をしていたことも次第にわかってきたので、ついには、これでなくてはならぬ、と考えるようになってきました」※18

渋沢は、日本初の女子大学である日本女子大学校（現在の日本女子大学）の創立時から発起人に名を連ねました。そして明治34（1901）年に記念すべき開校を迎えます。渋沢が61歳のときのことです。

◉身体は衰えても精神は衰弱させない

長く学んだ儒教の女性観から脱却し、50代から新たな分野にも挑戦した渋沢。これまでの歩みをともに振り返ってくれたみなさんならば、これこそが**渋沢の真骨頂である「変革力」**だと理解できるでしょう。

その後も、「老害」とはほど遠い柔軟なアイデアをもって、世の中をよりよくしていくことに夢中になりました。何度も生まれ変わった渋沢は言います。

「身体はたとい衰弱するとしても、精神が衰弱せぬようにしたい。精神を衰弱せぬようにするは学問によるほかはない」※22

40代、50代に差しかかると、身体にはどうしてもガタがきはじめます。しかし、しょんぼりしている暇はありません。**中年期にいかに学び、どれだけ自分をアップデートできるかで、高齢期の充実度が変わってきます。**

今後の人生に向けて、自分すら想像しなかった自己変革を楽しもうではありませんか。

渋沢栄一に学ぶ
大器晩成
のヒント

◉ 挫折は自己変革のチャンスととらえる。

◉ 状況に応じて自分をアップデートしていく。

◉ 50歳はまだ人生の始まりでしかないと心得る。

トーマス・エジソン

1847〜1931
発明家

数々の失敗を乗り越え、1300もの発明に成功したアメリカの発明王

エジソンは白熱電球の改良、蓄音機や映写機の発明などの偉業がよく知られていますが、生涯に1300もの発明をしていることを思えば、世間に知られているものはごくわずか。そして、その裏には膨大な数の失敗がありました。なぜ、そのたびに立ち上がれたのでしょうか。

略歴 アメリカ合衆国のオハイオ州生まれ。小学校中退。電球や蓄音機をはじめ、生涯にわたって数多くの発明をした「発明王」。映画撮影機であるキネトグラフや、映画を観る機械であるキネトスコープを発明したことから「映画の父」とも呼ばれている。

◉ 調子が悪いときをどうやり過ごすか

とかく他人の人生は輝かしく見えるもの。そして、「それに比べて自分の人生は……」と、つい落ち込んでしまったりします。

正直に言えば、私にもそういう気持ちがあります。40代半ばを迎えましたが、同世代はもちろん、下の世代も華々しく活躍しているように見えて、羨ましくなったりします。

そんなときには、ブッダのこの言葉を思い出すようにしています。

「ただ誹《そし》られるだけの人、またただ褒《ほ》められるだけの人は、過去にもいなかったし、未来にもいないであろう、現在にもいない」※24

どんな人生にも、調子がよい時期もあれば、よくない時期もあります。偉人の人生をみても、浮き沈みが激しく、「成功だけの人生」など、どこにも存在しないことがよくわかります。

大切なのは、調子がよくない時期の考え方ではないでしょうか。

アメリカの発明王トーマス・エジソンもまた、失敗と挫折だらけの人生だった……というと、本人に怒られてしまいそうです。というのも、実験が思いどおりにいかずに現場が意気消沈すると、エジソンはいつもこう檄《げき》を飛ばしていたからです。

「バカ、それは失敗じゃない。
一つひとつ、うまくいかない方法を確認したんだ。
そいつが重なっていつか成功する。あきらめることが失敗なんだ」※25

いくつになっても、挑戦をやめなかったエジソン。もちろん、50代でも新しい発明にトライしました。残念ながら、発明した当初は思ったような結果にはつながらなかったものの、近年になって再び注目されています。

はたして、どんな発明だったのでしょうか。エジソンが送った不屈の生涯を振り返ってみましょう。

22歳 初めての特許、しかし、大失敗に……

あきらめることが失敗――。これは、エジソンが自身の体験から実感したことです。その発想の突飛さから学校教育になじめずに、小学校を中退。それを人は「挫折」ととらえるかもしれません。しかし、エジソンは学校からドロップアウトしたからこそ、好奇心の赴くままに学習することができました。

学校に行かずにエジソンが夢中になったのは、科学の基本書です。そこで紹介されている実験をすべて自分で試してみたといいます。

おこづかいも実験に必要な薬品につぎ込んだそうですから、よほど夢中になったのでしょう。小学生にして地道に実験をやり続けた経験が、のちに発明家として羽ばたく素地をつくることになりました。

エジソンは早い時期から社会に出ています。12歳にして鉄道会社でキャンディーと新聞の売り子として働くようになると、16歳で電信技士となり、22歳のときに電気投票記録器を発明。最初の特許を取得しています。

その間に、耳が不自由になってしまうという不幸に見舞われましたが、そんなハンディキャップさえも、エジソンは前に進むエネルギーに変えました。

「13歳で耳がまったく不自由になってしまったからこそ、普通の子どもにとっては難解な文学作品や化学や物理の技術書までも集中して読めたのだ」※26

もっとも、立ち直れないほどの大きなショックを受けたことは、エジソンにもあります。

自身で発明して初めて特許をとった、電気投票記録器を議会に売り込んだときのこと。有益な機能をプレゼンしましたが、「審議の引き延ばしができなくなるから」という理由で、議員たちからまったく使ってもらえませんでした。つまり、電気投票記録器で審議がスピーディーになってしまっては、現場としては逆に困るというわけです。

エジソンは「優れた発明だけでは、社会を変えられない」と痛感。相手にされなかったことも「失敗」とはせず、次のような教訓を得ています。

「いくら素晴らしい発明でも勝手に広まってくれるとはかぎらない。そいつが動けるような環境をつくってやることが肝心だ」

32歳　白熱電球の改良に成功

エジソンはその生涯で数多くの発明を行いましたが、最もよく知られているのが、32歳のときに白熱電球を改良したことです。

フィラメントの素材には、ずいぶんと苦心させられました。フィラメントとは、電球や電子管の中で電気を流して、光や熱電子を放出する細い発熱体のことをいいます。

エジソンは「どの素材がフィラメントに適しているのだろう」とあらゆる材料を試してみました。

象の皮、鯨のひげ、亀の甲羅、馬の毛、人間の髪の毛、トウモロコシ、葦、紙、麻、綿糸……その数は、実に6000種類以上にも上りました。

そのなかでエジソンは「竹」に着目し、世界中から１２００もの竹を集めて調査。すると、最も長く明かりを灯すのは、京都の八幡市内にある里山の竹だということが判明しました。

京都から大量に竹を輸入したエジソンは、安定して長く点灯する白熱電球の改良に成功したのです。

しかし、発明に成功しただけでは十分ではありません。**それをいかに「使ってもらうか」が大事だと、エジソンは若き日の「失敗」から学んでいました。**

エジソンはニューヨーク市当局から請け負うかたちで、電力供給会社を設立。発明品を生かす環境まで整えて、一財産を築きます。

53歳　蓄電池の開発に着手。その原動力とは？

成功するまで続けることで初めて、それまでの「失敗」は成功に必要なプロセスとなる。そう信じて挑戦をやめることがなかったエジソン。１９００年、53歳から着手したのが、蓄電池の開発です。

当時、蓄電池は鉛の製品しか使えませんでしたが、エジソンはそこに改良の余地を見出しました。

「鉛型より軽く、長持ちし、効率のよいものをつくれるはずだ」※27

思い立ったら、猪突猛進。エジソンはコストを惜しまず、実験を繰り返しました。なかなか思うような結果が得られないなか、周囲からは「違う事業に取り組んだほうがよいのではないか」という声も聞こえてきたでしょう。

ある程度、実績を出してきた50代ともなると、ある程度やって結果につながらないと、見切りは早いほうがよいと考えがちです。それでもエジソンが諦めることはありませんでした。

子どもの頃に耳が不自由になってもなお、エジソンが前向きだったことはすでに書きましたが、**そのポジティブシンキングぶりは大人にもなっても変わることはありませんでした。**自身の偉業さえも、このように語っています。

「自分は耳が不自由であるからこそ、蓄音機の完成に精魂を傾けた。また、電話機を本当に使えるように改良できたのも、耳が聞こえないからできたことだと自負している」※26

健康が徐々に損なわれていく50代からは特に、エジソンのような前向き思考が人生を好転させることになります。

蓄電池の改良に着手して10年が経とうとする1909年、エジソンは62歳にして、ついに新しい蓄電池の発明に成功します。

それはニッケル・アルカリ蓄電池です。鉛の蓄電池と比較して、約2倍の持続時間を誇り、安全灯、列車の照明、鉄道信号機など、さまざまな用途で活用されることになりました。

◉50代での挑戦には失望もあったが……

しかし、うまくいった例ばかりではありません。

アメリカ海軍がエジソンの蓄電池に着目したときのことです。期待に応えるべく、エジソンは潜水艦用の蓄電池を開発しましたが、実験用の潜水艦でテストしたところ、電池から水素ガスが漏れだして発火。5人の水兵が命を落としています。

乗組員が安全対策を怠ったのが原因だったようですが、潜水艦用のバッテリーにエジソンの蓄電池を使うのは、断念せざるを得ませんでした。

もう一つ、エジソンが模索したのが、蓄電池を搭載した電気自動車です。

ちょうど自動車王のヘンリー・フォードが、T型フォードの始動装置として、これまでの手動型よりも優れたものがないか……と探していました。

それを聞いたエジソンは、「自分の発明した蓄電池が自動車のバッテリーとして使えないだろうか？」と、張り切って実験に挑みます。

しかし、エンジンを始動させるには、エジソンの蓄電池ではパワー不足でした。さらに冬になると稼働できないという欠点まで判明します。

そうこうしているうちに、ガソリンエンジンの車が急速に普及。結果的に、エジソンの蓄電池搭載の電気自動車は夢と消えました。その代わりにエジソンは、フォードという、ともに休暇を過ごす無二の親友を得ることができました。

ところが、**それから100年以上の月日を経て、電気自動車の時代が到来。**エジソンの挑戦が再び注目されるようになりました。

阪急阪神東宝グループを創始した小林一三は、こんなことを言っています。

「百歩先の見える者は狂人扱いされ
五十歩先の見える者の多くは犠牲者となる
十歩先の見える者が成功者である」※28

ちょっと時代が追いついてきていなかったな——。エジソンは50代での挑戦を振り返って、フォードと天国でそう苦笑しているかもしれません。

67歳 「強制リセット」はゼロからスタートできる好機

エジソンの挑戦は、60代以降も続きました。

研究所が火事に見舞われたときは、わざわざ家族を呼び寄せて「こんな大きな火事にお目にかかる機会はめったにないから、じっくりと見ておくがよい」と言い、落ち込むこともなく、こんな宣言をしました。

「自分はまだ67歳でしかない。明日から早速、ゼロからやり直す覚悟だ」※26

その言葉どおり、エジソンは新たなアクションを起こし続けます。

73歳のときには霊との交信をはかったかと思えば、翌年には人間と脳の記憶に関する論文を発表。80歳にして人工ゴムの研究も行っています。

そして1931年6月、84歳のときにはラジオ演説で、こう言いました。

「来世でも、現世で解明できなかった研究を続けることになると思います」※26

それから4カ月後の10月18日にエジソンは死去。まさに生涯現役でした。

◉中年期は「現実に立ち向かう勝負のとき」

「人生100年時代」において、50代は折り返し地点に過ぎません。

社会的な責任が重くなったり、健康問題に悩まされたりと、中年期はつらい出来事も多くあります。

それでもエジソンなら、「だから面白いんじゃないか」と肩を叩いてくれることでしょう。こんな言葉も残しています。

「いわば、36歳までは人生の準備期間である。

それ以降が、現実に立ち向かう勝負の時なのである。

必要な準備を行った人間は、60歳までは毎年仕事の効率を上げながら邁進できる。

過度の酒、たばこ、あるいはひどい怪我でもしない限り、80歳までは相当高いレベルの仕事をこなすことができるだろう。

90歳でも決して不可能ではない」※26

多難な現実さえも味わい尽くせるのが、大人のたしなみです。エジソンのような永遠のチャレンジャーを目指そうではありませんか。

トーマス・エジソンに学ぶ
大器晩成
のヒント

◉ あきらめなければ「失敗」は存在しない。

◉ うまくいかなくても、「新しい挑戦」には必ず意味がある。

◉ 40代までは準備期間！　50代からが本当の人生だ。

小林一三

1873〜1957
経営者

「阪急電鉄」の生みの親が「創作者」という長年の夢をかなえるまで

なかなか見つからなかった探し物が、忘れた頃に出てきた。そんな経験は誰もがあるでしょう。同じように、目の前の問題に懸命に取り組んでいたら、ふいに長年の夢がかなうということもあります。ダメ銀行員だった小林一三は脱サラ後、どんなふうに飛躍したのでしょうか。

略歴 山梨県生まれ。慶應義塾卒業後、三井銀行に入社するが、34歳で退社。箕面有馬電気軌道（後の阪神急行電鉄）の設立に参画。鉄道沿線の宅地開発や動物園の開園、歌劇団の創設、ターミナルビル百貨店開業など、鉄道会社による多角経営の先陣を切った。

〈30代だけど「将来何になろうかなぁ」って感じで生きてる〉

ＳＮＳの「Ｘ」にて、あるアカウントからの投稿です。たちまち共感の声が集まって話題となりました。

〈40代だけどだいたいそんな感じ。未来のことはポジティブに考えたい〉

〈50代だけど、たまに通勤電車の中でこれを思う〉

「人生１００年時代」が到来した今、年齢と関係なく、夢を追う人がますます増えていきそうです。

夢に向かって具体的に動き出せる人は、すぐに始めたほうがよいでしょう。「今日が人生で一番若い日」というフレーズが、背中を後押ししてくれるはずです。

しかし、なかには、夢はあるけれど何から始めればよいかわからない……そんな人もいるかもしれません。それでも心配は無用です。**今やっていることを一生懸命やっていれ**

ば、自然と自分のやりたかった分野に近づいたりもするからです。

阪急阪神東宝グループを創業した実業家の小林一三が、まさにそうでした。

かつて一三が夢見たこと……。それは小説家として、創作活動を行うことでした。

20歳 入社式に「3カ月」遅刻した驚異の新人

一三は明治6（1873）年、山梨県の韮崎町の裕福な商家に生まれました。

小説家を志した一三は、15歳で慶應義塾に入学すると、学業そっちのけで執筆活動に夢中になりました。

ある日、東洋英和女学院校長が何者かに殺されるという事件が起きると、一三はすぐさま関係者にあたりました。そして取材内容を小説にして、「山梨日日新聞」で「練絲《れんし》痕《こん》」というタイトルで連載を始めることになったのです。

新聞小説がまだ珍しい時代で掲載のハードルが低かったとはいえ、事件を取材して作品を書き上げ、新聞社に提案しているのですから、なかなかの行動力です。いきなり夢に向けて確かな一歩を踏み出すことになりました。

しかし、あまりに事件から日が浅かったため、関係者ではないかと疑われてしまい、一三は麻布警察署から取り調べを受けることに……。連載も中止に追い込まれてしまいます。

一三は大学卒業後、新聞社への勤務を志望します。理由は、「小説家になるのに一番の早道は新聞社に勤めることだ」と聞いたからでした。

意気揚々と都新聞（現在の東京新聞）に応募しますが、結果はあえなく不採用。結局、一三は三井銀行に就職しました。明治26（1893）年、20歳になったばかりのことです。

それでも、小説家になる夢を諦めたわけではありません。銀行に勤務しながら、挑戦を続けようと一三は考えたのです。

仕事を持ちながら別の夢を追うのはよいですが、一三の場合は、仕事へのやる気のなさがあからさまでした。入社日を迎えても一向に出社せず、実に「3カ月」も遅刻しています。3日ではありません。3カ月です。

しかも、何か特別な事情があったわけではなく、出社日を迎えても、ただ実家でのんびりするばかり。その後は、熱海の温泉旅館で療養し、旅先で女性に恋したりしているのだから、呆れたものです。

20代 サラリーマン生活は「耐えがたき憂鬱」

ずいぶんマイペースな一三ですが、3カ月も遅れて入社した新人を、周囲がよく思うはずがありません。しかも一三が小説を書いていることも、早々と社内に知れ渡ってしまいました。

すぐに大阪への転勤が命じられたかと思えば、今度は貸付係から預金受付へと店内で左遷させられるなど、完全にダメ社員扱いを受けています。

一三は小説家の夢に未練があったため、銀行を辞めて新聞社への転職を考えることもしばしばでしたが、かないませんでした。

プライベートでは、実家からの潤沢な仕送りを、茶屋遊びに散財。このときに知り合ったコウという女性と結婚することになりますが、銀行からすれば、「女たらしで役に立たない文学青年」という存在でしかなかったようです。

やがて東京本社に復帰するも、重要でない課に配属されてしまいます。一三は常にこんな思いを抱えていました。

「銀行の仕事は少しも面白くない」※29

そんな不満を持ちながら、新聞社への就職はかなわずとも、せめて環境を変えたいと、住友銀行や北浜銀行への転職を試みるも失敗。三越呉服店に誘われたときは嬉々として借金までして三越株を買い込みましたが、最終的には内定に至りませんでした。

何をやってもうまくいかなかった一三。のちにこう振り返っています。

「東京における三井銀行時代は、私にとっては耐えがたき憂鬱の時代であった」※29

34歳 銀行を退職。しかし、証券会社に参画する計画が頓挫

しかし、そんな一三にもついに転機が訪れます。

日本で初めて証券会社を設立するという話が持ち上がり、かつての上司であり北浜銀行をつくった岩下清周や、三井物産の飯田義一から、新事業への参加を求められたのです。

一三にとって岩下は、ダメ社員扱いを受けていた自分を評価してくれた数少ない上司でした。岩下が一三に注目したのは、好き嫌いをはっきり言う性格と、けた外れの行動力に惹かれたからです。

岩下は「近い将来、きっと何か大きなことをやる人物かもしれない」と、一三のポテンシャルを評価していたといいます。

自分を評価してくれる人から新規事業に誘われれば、心も躍るというもの。

一三は関係者から事情を聞いて回りながら、新事業の風向きが悪くないと判断すると、

サラリーマン生活に終止符を打つことを決意。13年間勤めた三井銀行に辞表を叩きつけました。そして34歳にして、第2の人生の舞台となる大阪の地へと向かいました。

ところが、です。

一三が妻と3人の幼い子どもを連れて大阪に着いた途端、株式市場が暴落。日露戦争の戦勝景気で高騰していた株価が反動を起こした結果でした。

これにより、設立されるはずだった証券会社の話は立ち消えになってしまいます。

意気消沈する一三に、それから2カ月後、また別のチャンスが訪れます。前述の三井物産の飯田と岩下から意外な話を持ちかけられました。

「阪鶴鉄道の監査役になってくれないか」

事情を聞けば、国有化を控えた阪鶴鉄道は清算会社になると決まっていましたが、株主たちは代わりに、大阪梅田―箕面―宝塚、宝塚―西宮を結ぶ、箕面有馬電気軌道株式会社の設立を目指していると聞かされます。これが後の阪急電鉄です。

監査役として一三が頼まれた仕事は、大阪梅田を起点として、まだ電車が走っていない池田・宝塚・有馬地区へと鉄道を敷設すること。

無職の一三に断る理由はありません。今度こそとばかりに、一三は阪鶴鉄道の監査役に就任しました。

準備を進めていくなかで直面したのが資金調達の問題です。なかなか株の引き受け手が見つかりませんでした。

実に発行株式11万株のうち5万4000株も未引受株が出てしまい、会社設立前から、解散の危機に見舞われていたのです。

38歳 借金をしてまで、鉄道を開通させる

この道かと思えば、たちまち壁にぶつかり頓挫する――。


一三の人生は、その繰り返しです。今回もまたダメかと思いかけたことでしょう。

しかし、もう後はありません。一三はいま一度、沿線を自分の足で歩きはじめました。

すると、あることに気づきます。

「今はこの沿線地域の可能性に誰も気づいてはいないが、今後経済の中心である大阪に通う人たちにとっては、住宅地域として理想的な環境といえるところが各所にあるではないか。電車が通ることになれば、この地域一帯はまちがいなく高級住宅地になるぞ」

もしかしたら、一三は不遇な自分と、この誰も見向きもしない沿線とを、重ね合わせたのかもしれません。

一三は岩下に未引受株の引き受けをお願いしながらも、自分もリスクをとり、株をできるだけ引き受けようと考えました。

急いで上京し知人を訪ね歩くと、合計1万株を引き受けてもらうことに成功します。また、自分も退職金を注ぎ込んだうえで、親戚縁者から借金をして回りました。

そんな熱意が伝わったのでしょう。岩下が残りの株を引き受けてくれることになり、一三は鉄道事業に乗り出すことになりました。

しかし、もう一つクリアしなければならない問題がありました。それは、箕面有馬電気軌道株式会社には、発起人による創立委員会が組織されていたこと。これから沿線を盛り上げるべくすぐさま手を打とうと考えていた一三からすれば、みなで議論して意見をまとめている暇などありません。

一三は委員長にかけ合って「自分に権限を持たせてほしい」と直談判します。当然、断られますが、「ほかの発起人たちや株主たちに一切、損はさせない。会社が設立できなければ証拠金はすべて返す」という条件まで出して、全権を委任してもらうことに成功。**ただでさえ借金もあるなかで「もう絶対に成功させるしかない」という状況へと、一三はさらに自分を追い込んだのでした。**

一三がまず行ったのが、「最も有望なる電車」という37ページに及ぶパンフレットの作成です。そこには、建設工事の説明から、費用の明細、収支予算表、住宅地の経営などの詳細が書かれていました。

そして「遊覧電鉄の真価」として、各駅の見所をアピールしました。服部の天神、箕面公園、中山の観音、売布神社など、現在の阪急電鉄でも引き継がれる各駅の「売り」は、このとき一三が掲げたものです。

このような企業広報を目的としたいわゆるＰＲ誌は、今では当たり前のものになっていますが、それを最初に始めたのは一三でした。
作家志望だけのことはあり、さすがに筆も冴えています。

「箕面有馬電鉄の沿道はそんなによいところですか。これはくわしく申しあげるまでもありません。何人でも宜しい、大阪付近を跋捗して御覧なさい。吹田方面、桃山、天王寺、天下茶屋、住吉、浜寺、それから阪神線の沿道を御一覧になった上で比べて見て下さい。この沿道は飲料水の清澄なること、冬は山を北に背にして暖かく、夏は大阪湾を見下ろして吹き来る汐風の涼しく、春は花、秋は紅葉と申分のないことは論より証拠で御一覧になるのが、一番早わかりが致します」※30

読者の目に浮かぶような風景描写によって、鉄道のアピールポイントを打ち出しています。

やがて一三は、自分の文才をまったく違うかたちで発揮させることになります。

◉「郊外生活」のトレンドをつくり出す

一三は沿線周辺となる土地を31万坪も買収。その土地で住宅月賦販売を開始しました。まだ月賦が、服や自転車にくらいしか組まれていなかった頃に、**初めて「住宅ローン」を適用**したのです。

住宅販売の謳《うた》い文句は、「排煙の漂う不衛生な都会から脱出し、清潔で爽やかな郊外生活をしよう」というもの。「郊外に住むことこそが高級な暮らしだ」と、人々の価値観の大転換を図りました。

この宣伝作戦が大いに功を奏し、住宅は飛ぶように売れ、予想を超える人気を博します。

明治43（1910）年3月10日、梅田—宝塚間、石橋—箕面間の第1期工事完了を経て、箕面電車は予定より21日も早く開通しました。

梅田、池田、宝塚の3箇所の停留所では、草花のアーチをくぐらせ、夜間にイルミネーションが点灯。

さらに宝塚には舞妓が出迎え、空には軽気球が飛び、響き渡るは100発の号砲……。まるでお祭りのような演出は、もちろん一三が考えたものです。

加えて、一三は根回しも忘れていませんでした。彼はあらかじめ、沿道にあるすべての小学校に「箕面有馬電車唱歌」を配布。開通日までに歌を流行らせるという仕掛けを施していました。一三ならではの芸の細かさだといえるでしょう。

初日の運賃収入は1650円でした。予測としては「開業月は1日約200円～400円で、次月以降から軌道に乗れば1日1200円くらいだろう」というものだっただけに、極めて順調な数字です。一時は実現さえ危ぶまれた箕面鉄道ですが、一三の懸命な工夫で順調なスタートを切ることができました。

そして、開通からおよそ半年が経った11月、沿線に乗客を呼び込むべく、一三は箕面動物園を開園します。

続いて一三は宝塚に目を移し、明治44（1911）年5月には、宝塚新温泉をオープン。大浴場を設置するなど、ファミリーを意識した戦略はまたもや大当たり。1日に数千人もの入浴客が大理石の浴槽に殺到するという、異常なほどの成功を収めました。

この温泉に付随するように、一三は洋館娯楽施設「パラダイス」を開設し、屋内プールや各種アトラクションを設置。進化したテーマパークは、ターミナル娯楽施設の先駆けとなりました。

41歳 「宝塚少女歌劇団」発足、夢の創作活動にたどり着く

このように、一三が立てた作戦は多岐にわたるものでしたが、その極めつきともいえるのが、宝塚と聞いて誰もが最初に連想する「宝塚歌劇団」の前身、「宝塚少女歌劇団」の発足でしょう。

婚礼博覧会というイベントの余興として、一三は少女による歌劇を始めました。当初は、あくまでも鉄道の販促物として誕生した歌劇団でした。

しかし、公演料を取っても連日満員になるほどの実力をつけていき、宝塚少女歌劇団はいつしかプロの劇団へと成長していきます。

やがて、「宝塚音楽歌劇学校」が設立され、一三が校長に就任しました。

こうして、主要街道も通らぬ殺風景な村落に過ぎなかった宝塚は、遊び心満載の一三

ならではのアイデアで、人の集まる賑やかな観光地へと変貌を遂げたのです。

連動して箕面電車も潤い、順調な営業成績から、日本で初めての社債２００万円の売り出しが成功。すべては一三の「鉄道に人を呼びたい」という強烈な思いが結実したものでした。


ここで注目したいのは、歌劇団の活動にあたって、一三自らが脚本の執筆も行ったということ。その作品数は22本にも及び、**一三は小説家として創作活動を行うという夢を、脚本家というかたちで実現させた**ことになります。

「宝塚少女歌劇団」の初公演は１９１４年なので、一三は41歳から創作者として新たな人生を歩みはじめたといっても過言ではないでしょう。

さらに、一三は昭和４（１９２９）年、56歳のときに阪急百貨店を創業。日本ではじめてのターミナル・デパートを設けて、乗客をさらに集めることに成功します。一三のクリエイティビティは、街づくりというジャンルでも、大いに発揮されることになったのです。

銀行員時代に憂鬱な日々を送っていた一三が、こんな40~50代を過ごすのだから、人生はわからないものです。

回り道もたくさんしました。本人も意図せずして生まれたチャンスばかりです。このまま自分の人生には、大したことは何も起こらないのではないか。そんなふうに絶望したこともあったことでしょう。

それでも「退路を断つ」ことで、一三は前を向かざるを得ない状況をつくり、自らの行動をかき立てました。

簡単にはうまくいかないからこそ、人生は面白い。50代を迎えてもなお、夢を持つ意味は十分にあるといえるでしょう。

小林一三に学ぶ

大器晩成

のヒント

◉「人生は思いどおりにいかなくて当然」と悟る。

◉失望の中にいても、行動することをやめない。

◉「自分の夢は何らかの形でかなう」と信じる。

赤塚不二夫

1935〜2008
漫画家

40代半ばで連載がほぼ終了した「ギャグ漫画の王様」が復活を遂げるまで

傍から見れば、十分に実績があり理想どおりの人生を送っているように見えても、本人は不安にさいなまれていたりするもの。中年期は特にそうです。「ギャグ漫画の王様」と称された赤塚不二夫も46歳で連載はほぼ終了。昼間から酒を飲むようになります。そこからどう復活を遂げたのでしょうか。

略歴 満州（現在の中国東北部）生まれ。中学校在学中に手塚治虫の『ロストワールド』を読み、漫画家を志した。少女マンガ『嵐をこえて』でデビューしたのち、『おそ松くん』『天才バカボン』『ひみつのアッコちゃん』など数々のヒットを飛ばす。

◉天才ギャグ漫画家の、型破りな人生

『天才バカボン』『おそ松くん』『もーれつア太郎』などを生み出した赤塚不二夫。不世出の天才ギャグ漫画家は、その生き様も型破りでした。51歳のときに、37歳の真知子と結婚。赤塚は再婚でしたが、驚くべきことに、その発表会見に13年前に離婚した前妻の登茂子を同席させたのです。

登茂子は結婚の保証人まで引き受けており、二人の門出をこう祝福しました。

「私の存在でふたりが遠慮していたのが不憫。私が妻のころにできなかったことを真知子さんはやれています。パパには100%の女房です」

その横で赤塚は、ウイスキーをぐびぐび飲みながら「オレは女にモテる。15人いた恋人のうちの一人さ」とうそぶきました。

事実、赤塚の女性遍歴はすさまじく、前妻の登茂子は「私が知っているだけでも、25、26人はいる」とも言っています。

いきなり電話がかかってきて、ドスの利いた声で「赤塚はいるか？　俺の女に手を出した、ぶっ殺してやる」と凄まれるなど、ギャグ漫画さながらのトラブルにも、登茂子はたびたび巻き込まれてきました。

ただ、いわゆる恋に積極的なプレイボーイとは違い、女性がほっとけないタイプだったようです。赤塚自身がこう分析しています。

「どういうわけか、ぼくはもてるのである。〝ひっかける〟わけではないが、雰囲気があるらしい。マザコンの男なので、バーでも女性に甘えるようだ」※32

そんな赤塚の前代未聞の「前妻同席の再婚会見」は話題になり、『週刊文春』は「前妻が『保証人』になった赤塚不二夫の再婚相手」と記事を書きました。

しかし実は、登茂子が元夫の背中を押して、保証人になってまで再婚させたのには理由がありました。この頃、赤塚は深刻なアルコール中毒に陥っていたのです。

酒量が増えるのに反比例して、仕事はどんどん減っていく。連載は立て続けに終了。

その知名度とは裏腹に、収入が途絶えつつありました。

仕事がなければ、ますます酒を飲むことに……。幻覚症状もひどく、言語障害まで出てきました。周りにいた女性たちも、さすがに離れていきました。そんななかで献身的に看護する真知子の姿を見て、登茂子は二人を正式に結びつけようと考えたのです。

「俺の命はあと5年」※32

会見ではそんな言葉も飛び出しましたが、現実的にそれほどアルコール依存症は深刻な状況でした。

どん底のような50代を、赤塚はどう乗り越えたのでしょうか。

18歳　看板屋に就職、仕事以外の時間はすべて漫画に

赤塚が「漫画家になりたい」と熱望したきっかけは、小学生の頃に貸本屋で借りた漫

画『ロストワールド』でした。作者は手塚治虫。のちに「ギャグ漫画の神様」と称される赤塚が、「漫画の神様」である手塚と邂逅した瞬間です。

その内容もさることながら、60ページほどのペラペラの漫画本が当たり前だった時代に、130ページで箱入りの特製本という豪華さが、赤塚の心をとらえて離しませんでした。

赤塚は満州国の古北口に生まれて、終戦後に母の故郷である奈良へと引き揚げました。地元の小学校に通うことになりましたが、満州帰りだと差別を受けることもあったそうです。そんなときの悔しさはすべて、漫画を描くエネルギーに変えました。暇さえあれば、漫画を描く少年だったそうです。

中学に進学すると、父の故郷である新潟へ。家計が苦しかったため、高校への進学は難しく、赤塚は中学を卒業すると、看板屋に就職しています。修業を積んで映画館の看板まで手がけるようになりました。

やりがいのある仕事でしたが、経済的な理由もあり、父から「上京して化学工場の工員として働いてほしい」と頼まれてしまいます。赤塚は1年限定を条件に引き受けて、

18歳のときに新潟から上京。工員として働きながら、仕事以外の時間をすべて漫画へとつぎ込みました。

赤塚は、毎日アイデアノートをつけました。**「少なくとも1つはアイデアが出るまでは寝ない」**というルールを自分に課していたといいます。さらに毎月10点の4コマ漫画を投稿。次第に採用される回数も増えていきました。

やがて赤塚は工員をやめて、漫画で食べていくことを決意。2歳年下の石ノ森章太郎の手伝いをしているうちに、石ノ森と同じアパートに自分も住むようになります。この東京都豊島区にあったアパートこそが、手塚治虫や藤子不二雄も住んだ「トキワ荘」でした。

石ノ森など仲間がどんどん売れて稼ぐなかで、赤塚は相変わらず売れないまま。テレビのインタビューで当時をこう振り返っています。

「高校行ってないんだから。それがね、東京出てね。ああいう天才連中と付き合ってね……まともに付き合えるわけがないんだ。焦ったなあ。あんときゃ、ほんとに」※33

だが、赤塚はこの言葉のあとに、こう付け加えています。「それからね、僕の人生が始まるんですよ」と。

いつだって、夜明け前が一番暗い。

どんなに苦しくても、赤塚は毎日アイデアノートをつける習慣だけは続けていました。

そんな地道な努力が、赤塚の未来を拓くことになります。

22歳 いきなり「代打」のチャンスが舞い込む

チャンスはふいに訪れました。

ある漫画家が病に倒れてしまい、『漫画王』という雑誌で連載していた原稿が描けなくなってしまいました。編集者が慌てて代わりに漫画を描ける人を探したところ、赤塚が手を挙げます。かくして、急きょ読み切り8ページを描くことになったのです。

幸い、アイデアなら毎晩、書き溜めています。いきなりのピンチヒッターにもかかわらず、ワンパク小僧が暴れ回るドタバタ漫画『ナマちゃん』をすぐさま描き上げて、無事に採用されました。

そのときの感動を、赤塚はこんなふうに表現しています。

「発売日を待ちかね、胸をワクワクさせながら本屋へ行った。ページを開いてみて、印刷の間違いではないかと思った」※34

赤塚が目を疑ったのも無理はありません。そこには「爆笑連載漫画」と銘打たれているではありませんか。

読み切りのはずが、赤塚の原稿が面白かったので、いきなり連載を開始することになったのです。1958年、22歳のときのことです。

赤塚はその後、『漫画王』の姉妹誌『ひとみ』からも連載漫画を頼まれたほか、さらに『少女クラブ』『なかよし』など、次から次へと連載の依頼が舞い込むことになりました。

「急ピッチで仕事が忙しくなっていった。2ページもの、4ページもの、8ページもの、あわせて8本の連載をこなすようになっていた」※34

高く飛ぶためには、思いっきり低くかがむ必要がある——。

そう言ったのは、ノーベル生理学・医学賞を取った山中伸弥さんですが（89ページ参照）、

苦労した分、突破口が見つかったときの勢いはすさまじいものがありました。

そして、このようやくつかんだ連載の数々さえも「前フリ」になってしまうような、大ヒットが赤塚の人生には、待ち受けていました。

初連載から3年後の1962年から連載を開始した、『おそ松くん』です。

25歳　あの『おそ松くん』が誕生

『おそ松くん』は、どんな経緯で生まれたのでしょうか。

連載に追われた赤塚ですが、あるとき、『少年サンデー』から毎週読み切りの依頼が舞い込んできました。

読み切りくらいならなんとかなるか。そう思い描き上げると、今度は「2週続きのものを」と依頼されました。それにも応えると、「4週続きのものを描いてごらん」と言われて、赤塚は考え込みます。

4回分となると主人公が一人では持たないかもしれない。そんなとき、アメリカのコメディ映画『1ダースなら安くなる』を思い出してひらめきます。主人公を増やせばいいじゃないか、と。

当初は映画にならって1ダース、つまり主人公を12人にすることも考えましたが、さすがに多すぎて、1コマに収まりそうにありません。1ダースから半分にして6人、つまり、6つ子を主人公にすることにしました。

どうせ4回限りだと、6つ子をハチャメチャに暴れさせたところ、大反響を呼ぶことになります。たちまち連載へと格上げされました。

この『おそ松くん』の制作にあたって、いろいろとアイデアを出したのが、結婚したばかりの女性アシスタント、登茂子でした。

こうして25歳のときから描きはじめた『おそ松くん』の大ヒットにより、赤塚は中野区に家を建てました。それからも快進撃は止まりません。

『おそ松くん』の1カ月後に『りぼん』で始まった『ひみつのアッコちゃん』もヒットへ。のちにアニメ化もされています。

1965年1月、29歳のときに『おそ松くん』で「第10回小学館漫画賞」を受賞。その2年後、30代を迎えてからは、『週刊少年サンデー』で『おそ松くん』の後を受けて『もーれつア太郎』の連載が始まりました。

さらに同年、『週刊少年マガジン』で伝説的な連載が始まります。不朽の名作『天才バカボン』です。

公私ともに、すべてがうまくいっていました。赤塚は周囲から、こんなことを言われたそうです。

「漫画もヒットしたし、酒を覚えてもいいだろう」

何気ない一言だったに違いありません。このときに、赤塚は初めてウイスキーを口にしました。この瞬間がまさか転落のきっかけになるとは、思いもしなかったことでしょう。

30代　豪遊の限りを尽くしてタモリも育てる

売れなければ貧苦にあえぎますが、その分、ヒットに恵まれれば大金をつかめるのが、漫画家の仕事です。

32歳のときには友人から頼まれてレーシングチームをつくったかと思えば、35歳のときにはアメリカに渡って豪遊。まさに湯水のごとく金を使いました。1200万円のクルーザーを買ったり、漫画雑誌を創刊するもまったく売れずに5000万円の赤字を出したりするなど、財布の紐は緩みっぱなしでした。

女癖の悪さも存分に発揮されて、ついに1973年、38歳のときに登茂子と離婚。自分から「別れてくれ」と妻に切り出しておいて、相手から離婚を迫られたと思い込み、別れて20年以上経ってから「あっ、オレが言ったの？　うそ……」と言い出すという、オチまでつけています。


離婚してからは、目白のマンションに移り住んだ赤塚。飲み歩くことがますます増えるなか、ある「男」に夢中になりました。それはタモリです。

赤塚は、新宿歌舞伎町の酒場で宴会芸などを披露していた、福岡出身のタモリをスカウト。自分が住むマンションに居候させました。赤塚自身は職場で寝泊まりしながら、タモリの衣食住すべての面倒をみたのです。

そのときの心境をのちにこう語っています。


「僕が一番金を持っていたし、九州に帰したら日本のエンターテインメント界の損失になると思った」※32

どんな仕事でも、自分がある程度の結果を残すと「人を育てる」というフェーズへと移行していきます。赤塚もまたタモリを見出し、いわばパトロンのような存在となり、芸に集中する環境を与えていました。

赤塚の目に狂いはなく、タモリはフジテレビのバラエティ番組『笑っていいとも！』の司会に抜擢されて、以後は大ブレイクしています。

赤塚が亡くなったとき、タモリが弔辞を読んで話題となりました。弔辞はこんな言葉で締めくくられました。

「私もあなたの数多くの作品のひとつです」

二人の関係性を思えば、決して大げさな表現ではないでしょう。

50代　どん底から復活！　新たな挑戦も

連載を多数抱えて、作品のアニメ化も大ヒットし、テレビでレギュラー番組を持つなど、「天才ギャグ漫画家」として、一世を風靡した赤塚。

20代前半でいったん売れ出してからは、30代、そして40代前半と怒濤のように駆け抜けました。

ところが、酒量が増えるにつれて、順調だった仕事に陰りが見えはじめます。

46歳のときに『週刊文春』で11年続いた連載『ギャグゲリラ』が終了。**50歳を前にした時点で、連載はほとんど終了します。**暇になったからと昼から酒を飲むようになり、状況はますます悪化していきました。

そのうちに指が震えて、幻覚症状や色覚異常にまで苦しめられたというから、漫画を描くどころではありません。しまいには、ろれつが回らなくなり、言語障害にまで陥りました。

そんなどん底の中で行われたのが、冒頭で書いた、前妻の登茂子も同席する異例の再婚発表会見でした。

入院中も献身的に支えてくれた真知子が正式に妻となったことで、50代にして、赤塚の新たな人生が始まったのです。

それでも、依然として依存症との闘いは続き、仕事がない状態が続きます。一時期は、真知子が家の売却を考えたほど経済状況は悪かったといいます。前途多難な50代が始まったと、赤塚自身も考えたことでしょう。以前のように世間が自分の作品に注目することはもうないだろうと、諦めの気持ちもあったのではないでしょうか。

しかし、赤塚はかつて何者でもなかった自分に、いきなりピンチヒッターとしてチャンスが巡ってきたかと思えば、たちまち道が拓けたことを経験しています。**つらい時期には飛躍の記憶が、しばしば気持ちを落ち着かせてくれるものです。**

そして、まさかの事態が巻き起こります。1987年5月、テレビ東京でアニメ『天才バカボン』の再放送がスタートすると、放送時間帯視聴率で第1位に輝いたのです。

この快挙によって、漫画の『天才バカボン』は『コミックボンボン』で再び連載が行われることになり、さらに『おそ松くん』の連載までスタート。赤塚は1年半にわたって入退院を繰り返しながら、再び猛烈に漫画を描きはじめました。

とはいえ、仕事が復活しても酒を断つことはできず、入院して点滴で酒を抜いては、また退院後に酒を飲む……ということを繰り返しました。

唯一の救いは、仕事中には飲まなかったこと。そこで、赤塚は50代最後の年に、新しいことに挑戦しています。

それは、戦後50年を漫画家と振り返る『赤塚不二夫 バカボン線友録！』の「毎日連載」です。

1995年、第二次世界大戦が終了して50年の節目で行われたスポニチの記念特集のコーナーで、赤塚も原稿を書くことになったのです。

漫画ではなく文章とはいえ、毎日連載を続けるというのは簡単なことではありません。体調面をよく知る周囲が不安視するなか、赤塚は72回分、一度も原稿を落とさずにやり抜きました。

毎日連載の最終回が掲載された3カ月後、赤塚は還暦を迎えます。**激動の50代を、大きなチャレンジで締めくくることができました。**

再びエンジンがかかった赤塚は、61歳で新作漫画『誰も知らない偉人伝』に着手。さらに翌年の62歳のときには、大規模な展覧会を開いて、全国を行脚します。現役の漫画家が美術館で展覧会を行うのは、初めてのことでした。

◉絶望の50代を乗り越えて、実りある60代へ

しかし、そんな活躍ぶりにもかかわらず、人生のタイムリミットが近づいてきます。

2002年、66歳のときに、赤塚は検査入院中に転倒。脳内出血と診断されると、これ以来、仕事はできなくなりました。その2年後、68歳から植物状態となり、2008年に72歳でこの世を去ります。

まだまだやりたいことはあったことでしょう。しかし、50代前半で数年後の死を覚悟していたことを考えれば、まさに**「仕事によって生かされた」人生**でした。

30代、40代で成し遂げたことが、50代でまた別の角度から評価されることもあるかもしれません。そして50代で新たな挑戦を行うことで、60代以降を生き生きと過ごすことにもつながっていきます。

50代で絶望感に打ちひしがれても、また浮上できる――。赤塚の壮絶な人生は、そのことを私たちに教えてくれているようです。

赤塚不二夫に学ぶ

大器晩成のヒント

◉ 絶望しても必ず突破口がある。「待つ」ことも行動のうち。

◉ 自分を理解してくれる人を大切にする。

◉ どんな状況においても、自分の好きなことを見失わない。

第3章

50代以降に新ジャンルに挑んだ偉人たち

伊能忠敬

1745~1818

測量家

50代で仕事をリセット。測量術を学び、日本最初の地図作成に貢献

50歳までにそれまでの仕事を辞めて、我が国最初の地図をつくり上げた伊能忠敬は「中年の星」といってもよいでしょう。しかし、忠敬は最初から地図がつくりたかったわけではありませんでした。50代からも新たに学ぶ姿勢と、目標の軌道修正の仕方について、忠敬から学ぶところは大きいものです。

略歴 現在の千葉県生まれ。17歳で伊能家当主となり、名主や村方後見として活躍。家督を譲り隠居すると、50歳で江戸へ。高橋至時のもとで、西洋暦学、測量術を学んだ。56歳から72歳まで10回にわたり測量を行い、日本最初の実地測量による地図を作成した。

◉ 実は、地図をつくりたいわけではなかった？

大器晩成型の遅咲きの偉人をみると、「自分だってまだまだわからないぞ」と励まされます。江戸時代中期に活躍した測量家の伊能忠敬は、その代表的な人物といってよいでしょう。

忠敬は56歳にして、こんな途方もないプロジェクトに挑んでいます。

「自分の足で全国を歩き回って、日本地図を完成させる」

本書は人生１００年時代を迎えるにあたって、その折り返しにあたる「50代をどう過ごすか」を考える本でもあります。しかし、忠敬が生きた江戸時代は、平均寿命が35～44歳程度でした。

これは何も、ほとんどの人が、50代を迎えることなく亡くなったというわけではありません。感染症などで早くに亡くなる子どもが多かったため、平均寿命が押し下げられていたのです。

それでも、平均寿命が80歳以上である現在の56歳と、当時の56歳とでは、意味合いがまったく異なります。ましてや、江戸時代は今のように道も舗装されていません。忠敬のチャレンジが、いかに難しいことだったかがわかるでしょう。

まさに中年期からの挑戦を扱う本書には、うってつけの人物です。しかし、なかには、こう思う方もいるかもしれません。

「そんなに大それた目標は持てそうにないなあ。偉業を達成する偉人は、やはりどこか特別な人間なんだよ」

しかし、もし忠敬にそんなふうに言ったならば、きっと戸惑いながら、こんな返答をすることでしょう。

「いや、私も当初はそんなことまったく考えていなかったんですよ……」

謙遜しているわけではありません。

忠敬は50代を迎えるにあたって、すべての仕事をリセット。「これからは好きなことをやろう」と考えました。

しかし、そこから忠敬が始めたことは、実は地図づくりとはまったく関係のないことだったのです。

17歳　突然の結婚、人生が急展開

忠敬は１７４５年、現在の千葉県九十九里町で、漁村の名主である小関家に生まれました。母は小関家の娘で、父の貞恒は婿養子です。

６歳のときに母と死別すると、父は忠敬の兄と姉を連れて、いったん実家で酒造業を営む神保家に戻っています。忠敬だけが、祖父母のもとに残ることになりましたが、10歳のときに父が神保家に引き取りました。

小さいときから計算能力に優れていた忠敬は、数学や囲碁にも長けていました。囲碁は、父が家でやっているのを見よう見まねで覚えました。たちまち腕を上げて、初段の実力を誇ったといいます。

けれども、ある日を境に囲碁をまったくやらなくなってしまいました。どうも学問のおもしろさに目覚めたようです。忠敬は、13歳から寺の住職に算術を学び、17歳頃からは医者のもとで医学を学習しはじめます。

けれども、忠敬は自分への苛立ちに苦しむことになります。のちにこう振り返っています。

「いろいろと学んだが、ことごとく高いレベルに到達できないことに怒りを覚える」

（諸遊芸を学べども、ことごとく妙所に至らざるを怒り……）※35

ところが、人生は意外な方向から切り拓かれます。

忠敬が17歳のときのこと。算術が得意だったため、土地の改良事業が行われる際に、現場監督を頼まれました。すると、手際よく労働者を仕切る姿が、ある人物の目に止まります。忠敬を幼少期から知る、親戚の平山藤右衛門です。

藤右衛門は、神保家の親戚であるとともに、有数の商家である伊能家の親戚でもありました。

当時の伊能家は、米や雑穀の売買、そして酒の醸造などで莫大な利益を上げていましたが、後継者問題に直面していました。伊能家の家長が30代で病死し、子どもがいなかったために婿養子をとりましたが、その婿もまもなく亡くなってしまいました。そんななか、現場であらためて忠敬の働きぶりを目にして、藤右衛門は「伊能家の後継者として、適任ではなかろうか」と期待を寄せます。

突如として見出された忠敬は、いったん藤右衛門の養子に入ってから、伊能家の娘である、22歳のミチと結婚することになりました。

17歳にして人生が一転し、いきなり名門商家の跡とりになったのです。

30代　自らの手腕で財を築くも、心が晴れない日々

幼少期からの苦労人だけあって、機転が利いた忠敬。家長となる男子の不在が続き、やや傾きかけていた伊能家を、その才をもって建て直します。

やがて、忠敬は村全体へと活躍の場を広げていきます。36歳のときに、推挙されて佐

原村の名主となると、私財を投じて、飢饉《ききん》で困窮する人々を救ったといいます。

その後、38歳のときには地頭から苗字帯刀を許されて、さらに翌年には名主を監視する「村方後見」というトップクラスの役職に就くことになりました。

自らの手腕で財を築き、社会貢献もし、地域の人々から尊敬を集める――。現代にあてはめても、理想的な30代だといってよいでしょう。

しかし、忠敬にとっては、必ずしもそうではありませんでした。忠敬の思いは、いかなるときも「学ぶこと」にありました。多忙の中でも、伊能家に伝わる漢籍などの蔵書を読みふける時間をつくっていたようです。

「家業のかたわらで儒教の経典について学びたいと、ちょっとでも暇があれば本を読んだ」

（家業のかたわら経学をせんことを欲して、寸隙を得れば書を読む）※35

忠敬が隙を見ては書物を読んだため、家族からは「そんなことでは家業がおろそかになります」と諫められることさえありました。

家業もきちんと再建させているのだから、ごちゃごちゃ言われる筋合いもなさそうですが、忠敬は婿養子で、ただでさえ気を遣う立場です。

そのうえ、妻は4歳年上で、結婚した時にすでに前夫との間に子どももいました。人生経験の豊富さにおいても、忠敬は妻に頭が上がらなかったのでしょう。

忠敬は江戸新河に米薪店を設けて、米薪を多く買い入れることでも利益を伸ばしました。しかし、実は家業の発展だけが目的ではありませんでした。家族の目を盗んで、存分に書を読むため、逃げ場所を江戸に確保していたと言われています。

「もう十分に自分の役割は果たしただろう。あとは息子に任せて、自分は好きな学問に打ち込もう」

忠敬がそんな決意のもと、家業をすべて子どもに譲ったのは、50歳も間近になったときのこと。忠敬は幼少期からいろいろな学問に打ち込んでは、己の才のなさに絶望しましたが、一つだけ心をとらえて離さない学問がありました。

それは「暦学」。太陽や月などの運行を観測し、カレンダーをつくる学問のことです。**忠敬は50歳にして隠居。以前からやりたかった「暦学」に身を投じた**のです。

50歳 「好き」に打ち込んだら意外な方向へ

50歳にして、今でいう「FIRE生活」に突入した忠敬。そんな悠々自適さは真似できなくても、忠敬の学ぶことへの姿勢は大いに参考になります。

忠敬はわざわざ江戸に移り住んで、「天文方」という役職に就く高橋至時《よしとき》の弟子になりました。忠敬にとって、31歳の至時は19歳も年下でしたが、学ぶのに年齢は関係ないと、何の抵抗感もなかったことでしょう。

なにしろ、至時の役職である「天文方」とは、暦学に基づいてカレンダーをつくる幕府の部署のこと。まさに忠敬が関心のある分野そのものでした。忠敬は、若き天文学者のもとで、大好きな学問に専念します。

忠敬がいかに熱心に学んだのか。至時の次男が記録に残しています。

「朝から学びにやってきては正午にいったん帰宅して太陽の位置を測定し、また午後からやってきたら、黄昏時には帰宅して星を観測していた」

（朝より出れば午正前に帰宅して午中太陽を測り、午後より出れば黄昏に帰宅して星測をなす）※35

そんなふうにして、慌ただしくも充実した学びの日々を送っていたときのことです。天文学者の至時は、このただならぬ意欲で学ぶ年上の弟子に、こんなことをぼやきました。

「地球の大きささえわかれば、正確な暦をつくれるのだが……」

それを聞いた忠敬はこう考えます。星の動きを測定しながら長い距離を歩いたならば、地球の大きさもわかるのではないか……と。

すぐさま、自宅のある黒江町と、浅草にある測量所との間を計測。至時に「わかりましたよ！」と報告するも、至時からはこう言われてしまいます。

「そんなに短い距離から、正しい値は求めることはできません。江戸から蝦夷地くらいの長い距離が必要です」

しかし、そんなやりとりをしているうちに、今度は至時がひらめきます。このとき、北方から迫るロシアの脅威に、幕府は危機感を募らせていました。防衛するために、まずは正確な地形を把握しなければなりません。正確な地図の制作が緊急の課題となっていたのです。

至時は、蝦夷地に測量隊を派遣することを幕府に提案。実務担当者として、忠敬を推薦します。国防に貢献しながら、自分たちの知りたいこともわかる。「一挙両得」とは、まさにこのことです。

この提案が幕府に受け入れられて、忠敬は1800年に蝦夷地へ出発。数カ月後に戻ってくると、精密な地図をつくり上げて、幕府の役人を驚かせています。

56歳　17年続く、測量の旅へ

しかし、一つの物事が成し遂げられると、新たな課題が出てくるもの。測定から計算された子午線一度の長さが、本当に正しいのかどうかは、ほかの地域も測ってみなければわかりません。

幕府と話し合いながら、次に本州の東海岸を測量することが決定。そうこうしているうちに、忠敬による測量の旅はどんどん拡大していき、最終的には、日本全土を練り歩くことになったのです。

ひょんなことから、大プロジェクトが立ち上がりましたが、困難にもかかわらず、忠敬が覚悟を決めたのはなぜか。そこには、かつて名主として、災害に苦しむ村の人々を救済した経験があったに違いありません。

というのも、村ではひとたび水害が起きれば、田畑は泥沼となって境界が消えてしまい、そのたびに農民の間で紛争が起きていました。また、復旧のための土木作業も滞りがちでした。いずれも正確な地図さえあれば、スムーズに解決できる問題です。

ここにきて、**「50代から本格化した自分のやりたい学問」が、「30代や40代の働き盛りに直面した課題」へとつながりました。**

忠敬からすれば、どれだけ過酷な道のりになろうと、迷う理由はなかったことでしょう。

かくしてできた目標こそが、冒頭で紹介したものです。

「自分の足で全国を歩き回って、日本地図を完成させる」

幕府からの信頼も徐々に勝ち取って、幕臣にまでなった忠敬。56歳から始まった測量の旅は、実に17年にわたって行われました。歩いた距離は、約4万キロ、ほぼ地球1周分を歩くこととなりました。

◉ 大志はそのプロセスにこそ意味がある

「日本中を歩き回った」というイメージから、忠敬は「丈夫な体だったのだろう」と誤解されやすいのですが、体は決して強いほうではありませんでした。持病のぜんそくによる発作に苦しめられることもしばしばで、風邪を引いて熱を出すことも多くありました。途方もない挑戦に自分の身体が耐えられるのかと、不安になった日もあったはずです。

それでも忠敬は、執念で目標を成し遂げます。**自分の挑戦に大きな価値があることを知っていたから、自分を奮い立たせることができたのでしょう。**

１８１６年、ついに測量を終えたとき、忠敬は72歳になっていました。しかし、休んでいる暇はありません。すぐさま日本全図の作成に取りかかっています。

そして１８２１年７月、ついに日本全図が江戸城大広間で披露されることになりました。

ところが、そんな晴れの日に、忠敬の姿はありません。

実は、忠敬は遡ること3年前、地図を作成する途中で、73年の生涯を終えて亡くなっていました。

弟子たちは悲しみに暮れながらも、こんな決意を固めたといいます。

「地図が完成するまでは、師匠の死を隠そう」

日本地図の完成を、忠敬の偉業として世間に発表するためです。そんな弟子たちの思いが実り、日本地図の作成は、忠敬による余人に代えがたい偉業として、後世に語り継がれることになりました。

けれども、おそらく忠敬は空の上で、そんな弟子たちを見て「お前たち、気持ちはうれしいが、そんなことは別にいいんだよ」とほほ笑んでいたのではないでしょうか。

忠敬にとって最も大切なのは、**好きな学問に没頭し、それを世の中のために生かすこと**だったのですから。

伊能忠敬に学ぶ

大器晩成のヒント

◉興味関心を広く持って「学び」を止めない。

◉学びに年齢は関係ない。年下の先生からも大いに学ぶ。

◉学びを実践すれば、「生きる意味」が見つかる。

ハインリヒ・シュリーマン

1822〜1890
考古学者

40代で考古学に出合い、「世紀の大発見」を成し遂げる

「広い世界を見たい」と外国を旅したことが、シュリーマンにとっては財産になりました。40代で考古学に出合うと、その道を突き進みます。初学者のよいところは、何と言っても先入観がないことです。シュリーマンは考古学者として、世紀の大発見をすることになります。

略歴 北ドイツの貧しい牧師の子として生まれた。進学を諦めて、雑貨店に就職。実業家として活躍して巨万の富を得ると、世界漫遊の後、古代史の研究を始める。1873年に世界的なトロイア遺跡の発掘に成功。以後、ミケナイなどの発掘を続けた。

◉挑戦の目的は妻の気を引くためだった？

ホメロスの叙事詩『イリアス』に描かれる「トロイアの戦い」は、本当にあった出来事ではないだろうか――。

ドイツの考古学者ハインリヒ・シュリーマンは幼少期からそう信じ込み、父から「あれは想像のお話だよ」と言われても聞く耳を持ちませんでした。そして、50代になってからトロイアの発掘を実現させる……。

というのが、シュリーマンの生涯を語る際のイントロとして定番でしたが、どうも作り話のようです。シュリーマンには虚言癖があった、という指摘が数多くなされていますす。なかにはこう断言する学者もいます。

「8歳からの夢はまったくの作り話。シュリーマンが、トロイアの遺跡の論争を知ったのは44歳だった」※37

確かにシュリーマンの自伝は、明らかに事実とは異なる点が多く、鵜呑みにすることはできません。それでも、シュリーマンが歴史の教科書を塗り替える、偉大な発見をしたことは、紛れもない事実です。

幼少期からの夢ではなかったとすると、なぜシュリーマンは発掘に挑んだのでしょうか。一説には、「相手にしてくれない妻の気を引くためだった」ともいわれています。

はたして、シュリーマンはどんな人生を送っていたのでしょうか。

22歳 貿易商社で働きつつ、語学にも精を出す

シュリーマンは家が貧しく、13歳で学校を中退。ベネズエラへの移住を試みますが、船が難破してしまい、オランダ領の島にたどり着きます。

22歳のときには、アムステルダムで有数の貿易商社で簿記係兼事務員として働くことになります。

日々仕事に励みながら、シュリーマンは独学でロシア語を学びました。アムステルダムに来たロシア商人と交渉できるようになるまで上達したそうです。コツコツ勉強したことを、こう振り返っています。

「私はわずか数日間でロシア文学とその発音を覚えた。さらに、昔から実践している独自の勉強法も試みた。ロシア語で短い作文や物語を作り、それを暗記するというものだ」※38

その語学力が会社にも評価されました。24歳でロシアのサンクト・ペテルブルグへ派遣されています。そこで見事に取引で成功を収めました。たちまち有能な商人として評判となり、モスクワ商会の立ち上げにも尽力しています。

やがて、シュリーマンは行方不明の弟を探すため、ロシアを離れてアメリカのカリフォルニア州へ。残念ながら、現地で弟の死を知らされることになります。

その一方で、アメリカの地で思わぬ出来事もありました。カリフォルニアでは、ちょうど「ゴールド・ラッシュ」が巻き起こっており、シュリーマンはそれに乗じて一財産、築くことになったのです。

帰国後も幸運は続きます。1854年にトルコとロシアの間で、クリミア戦争が勃発すると、シュリーマンはロシアの軍隊に、食糧、軍備、物資を補給。大儲けして、富豪の仲間入りをしました。

プライベートでも変化がありました。

サンクト・ペテルブルグへ向かう前は、幼なじみにフラれるという痛手を負いながらも、アメリカからロシアに戻ると、シュリーマンは弁護士の娘、カテリーナと結婚を果たします。

ところが、この妻との関係が、シュリーマンを波瀾万丈な人生へと向かわせることになるのです。

41歳 ギリシャ遺跡に関心を持ち、本格的に事業清算へ

もう十分に資産形成を行ったシュリーマンは、事業から身を引くタイミングを考えはじめます。その一方で、さまざまな語学の勉強に取り組みました。

なかでも、転機となったのが、34歳からスタートしたギリシャ語の勉強です。詩人ホメロスの叙事詩『イリアス』『オデュッセイア』を原文から読めるようになると、ギリ

シャ遺跡に関心を持つようになりました。

41歳になると、本格的に事業を清算しはじめます。同時に、「世界を見てみたい」という思いが湧きあがってきたといいます。

「私は確かに、かなりの財産を持っていた。だが、私の志は、そんなもので満足することはできなかったのだ」※39

シュリーマンは、約半年にわたるアジア旅行に出発。インドから中国を経て日本にたどり着き、横浜港からサンフランシスコへ。最終的にたどり着いたフランスの地で、シュリーマンはこう書いています。

「私はパリに住んで、残りの人生を学問に捧げるつもりだ。なかでも取り組んでみたいのは、考古学だ。この学問は私には、もっとも魅力的にみえる」※38

このとき、シュリーマンは家族をロシアからパリへと呼び寄せようとしています。というのも、実のところ、妻とは3人の子をなしていましたが、どうも関係がしっくりいかなくなっていました。今回の旅行は家庭から離れて一人になりたかったという事情もあったのです。

シュリーマンは何かと冷たい妻の気を引くために、当時、知識人の間で脚光を浴びていた「考古学」を選んだのではないか……ともいわれています。ある識者はこう断言しています。

「シュリーマンの考古学への転身は、自分を侮蔑する妻カテリーナの尊敬を得るための行動にすぎない」※37

真相はわかりませんが、一つ確かなことは、シュリーマンの「パリで一緒に暮らそう」という申し出は、妻に断られたということです。

離れて暮らしてみて、溝はいっそう深まってしまったようです。家庭を修復させるチャンスが、シュリーマンに与えられることはありませんでした。

46歳　ローマの古代遺跡に心を奪われる

どんな動機であれ、新しい挑戦の価値が損なわれることはありません。それが50代にさしかかる頃の、未知なる分野へのトライならば、なおのことです。

シュリーマンはソルボンヌ大学の聴講生となり、中東の言語コースを選択。エジプトについて学びながら、サンスクリットやギリシャ哲学、アラビア哲学などの知識も習得すべく、勉学に打ち込みました。

そして1868年の春、46歳のシュリーマンはイタリアへと旅立ち、ローマに約1カ月滞在しています。

当初はただの観光のつもりでしたが、たちまち古代遺跡に心を奪われてしまいます。ポンペイには二度も訪れて、発掘された壁画を博物館で熱心に見学しました。

その後、ギリシャ本土に向けて出発。のちに人生初の発掘を行うイタカ島や、ギリシャとトルコを結ぶダーダネルス海峡などにも訪れています。

道中では、トロアス地方でさまざまな遺跡を発見した建築家エルンスト・ツィラーや、アマチュア考古学者でトルコのヒッサリクの丘で発掘調査を行う、フランク・カルバートらと知り合いました。彼らとの出会いに刺激を受けて、シュリーマンは、ある確信を持つことになります。

パリに戻ってからシュリーマンは、「イタカ、ペロポネス、トロイア」という研究論文を発表。内容には明らかな間違いも見られましたが、ホメロスの叙事詩に出てくるトロイアについて、こんな提言を行ったことが注目されました。

「トロイアの遺跡はヒッサリクの丘にある」

1870年、先のカルバートの支援を受けながら、シュリーマンはヒッサリクの丘の発掘に着手。ただ、このときは地主たちの反対に遭い、中断しています。実は、トルコ政府からの発掘許可があまりに遅いため、シュリーマンは無許可で発掘を行っていたのです。

やや勇み足となったシュリーマンでしたが、もどかしくて仕方がなかったのでしょう。

それから1年後の1871年、今度は正式な許可を経て、49歳のときに発掘調査をスタートさせます。

50代　考古学者として、次々と目覚ましい発見を成し遂げる

40代で考古学の道へと突き進んだシュリーマン。情熱だけでどこまで学問を追究できるのか。自分としても未知数であり、途方もない考古学の深さに圧倒されたこともあったことでしょう。

それでも**シュリーマンは、新参者だからこその柔軟な発想を持ち続けたまま、学びを止めることはありませんでした。**

それができたのは、純粋に考古学が楽しくて仕方がなかったからでしょう。シュリーマンが考古学を学ぼうと考えたのは、本人が語るような幼少期からの夢ではなく、実際は妻の気を引くためだったのかもしれません。でも、きっかけは何でもよいのです。

大事なのは、どんなきっかけであれ、「行動しよう」と思った気持ちに従うこと。自

分で新たに始めたことが面白ければ、それが困難な道でもやめる理由にはならないものです。

その結果、50代で目覚ましい発見の数々を成し遂げます。

1873年に51歳でトロイアの遺跡から、黄金の装飾品など「プリアモスの財宝」を発見。発掘によって明らかになった都市の遺構や、掘り出された埋蔵品から、シュリーマンは「この場所がトロイアである」と確信しました。

伝説のトロイア王国は実在した――。翌年に発表した「トロイアの遺跡」の序文では、シュリーマンはこう綴っています。

「もし、私の報告に矛盾があったとしても、お許し願いたい。私が考古学における新しい世界を発見したことや、これまで無数に発掘したような遺物を、誰もがほとんどまったく見つけられなかったという事実を考慮していただきたいのです」※39

さらに1876年、54歳のときには、ギリシャのミケーネで遺跡を発掘。ギリシャ時代よりも前に、ミケーネ文明が栄えていたことを立証しました。

これによって、紀元前776年の最古のオリンピック競技までしかさかのぼれなかったギリシャの歴史が、紀元前2000年までさかのぼれるようになったのです。

◉「何が幸いするか」は誰にもわからない

もし、これらの偉業の出発点が、「相手にしてくれない妻の関心を引きたい」という思いからであったとすれば、どうすることもできない私生活での不満が、世紀の大発見を生み出したことになります。つくづく中年以降の人生というものは、何が幸いするか予測できないものです。

私生活のほうはというと、ちょうどヒッサリクの丘の発掘に着手する前年の1869年に、妻との離婚が成立。同じ年にギリシャ人で、自分よりも30歳も年下で17歳のソフィアと再婚しています。

2番目の妻となったソフィアは、危険な発掘現場にも立ち会いながら、夫の死後はシュリーマンの伝記を執筆。虚実入り乱れた内容は物議を醸すことになりましたが、妻に自分を理解してもらうことを重視したシュリーマンからすれば、これほどうれしいことはないでしょう。

40代から50代にかけてでも、自分の努力次第で人生は大きく変えられます。中年の星・シュリーマンの生き様には、心が自然と熱くなります。

シュリーマンに学ぶ

大器晩成のヒント

◉「ミッドライフ・クライシス」は新たな挑戦の原動力にもなる。

◉語学の学習で世界が広がれば、思わぬ夢が見つかることも。

◉新しい自分と出会うために、未知の学問の扉を叩こう。

吉野裕子

1916〜2008
民俗学者

40歳から研究の道に入り、独自の学問ジャンルを切り拓く

日常生活の中のちょっとした疑問が、研究の着眼点となることもあります。そして、研究を行うのに遅すぎるということはありません。伝統舞踊の習い事から研究の種を見つけたのが吉野裕子です。40歳で研究を始めるまでに、どんな方向転換があったのでしょうか。

略歴 東京生まれ。1934年に女子学習院を、1954年に津田塾大学を卒業。1975〜1987年には学習院女子短期大学の非常勤講師を務めた。1977年に『陰陽五行思想からみた日本の祭』によって東京教育大学から文学博士の学位を授与される。

◉「誰かにかけられた言葉」が転機になることも

人生において「自分がどんな言葉を発するか」も大事ですが、未来を左右するのは「自分がどんな言葉をかけられるか」のほうかもしれません。**特に自分のことをよく知る相手からの言葉は、時にその後の人生を方向づけることさえあります。**

母校で英語教師を務めていた吉野裕子の場合は、遠慮のない友人が、自分の写真を見てこう言ったことが転機となりました。

「あっ、見て、なんて先生くさい」※41

この瞬間に、吉野は教師を辞めることを決意します。インタビューで吉野は、当時の心境をこう振り返っています。

「もうその一言でやめようと。こんなことをしていたらだめだ。坊さんが坊さんらしいのはよくないでしょう。

坊主の坊主くさいのは」※41

吉野が親友の言葉に動揺したのは、英語教師がもともとやりたい仕事ではなかったからです。彼女は何をきっかけに英語の教師となり、またそこからどんな経緯で、研究者としての人生を歩むことになったのでしょうか。

吉野は数多くの著作を残しましたが、彼女自身の生涯を描いた文献は限られています。その理由は、吉野が死後、まだ16年しか経っていないこと。そして、やはり**50代から大きく方向転換した**ことと無関係ではないでしょう。まさにこれから語られるべき人物であり、本書で取り上げる意義は大きいと確信しています。

吉野自身の著作のほか、雑誌「ビオストーリー」で編集長の小長谷有紀氏が吉野にインタビューした記事「吉野裕子の世界はいかにして生まれたか」や、荒木優太氏が在野の研究者たちを取り上げた『これからのエリック・ホッファーのために：在野研究者の生と心得』などを参考にしながら、吉野が50代以降に花開いた要因に迫っていきましょう。

22歳 結婚、父とは違う「普通の人生」を歩んでいたはずが……

大正5（1916）年、吉野裕子は内務官僚・赤池濃の三女として誕生しました。ちょうど朝鮮半島では、日本からの独立運動が盛んになってきた時代です。父の赤池は、その動きを鎮静化させるべく現地に赴任。5歳の吉野も朝鮮半島へ同行し、日本人が住む一角で生活することになります。

赴任は2年で終わって、父の赤池は警視総監となり、家族とともに帰国。しかし、そのときの日本はといえば、首相の原敬が暗殺されて内閣が総辞職するという、不安定な情勢下にありました。赤池も警視総監を辞することになります。

さらに、そんな最中に関東大震災が起きて、赤池は辞職どころではなくなり、「3日も家に戻らなかった」と吉野は振り返っています。地震発生から4日後に、警視総監を辞任した赤池。その後は貴族院議員としての人生を歩むことになります。

本書では50代が転機となった人物を取り上げていますが、このときの赤池は45歳。やはり50代前後に、警視総監から政治家への転身という、大きなターニングポイントを迎えています。

その後、政治家としての赤池は、反ユダヤ主義の活動へと傾倒していってしまいます。やはり50代の過ごし方が、良くも悪くも人生のカギを握るといえるでしょう。

そうして激動の時代を生き抜く父の姿をみながら、吉野自身はむしろ、変化の少ない安定した学生生活を送っていました。朝鮮半島から帰国後、関東大震災で焼け残った女子学習院に通いはじめて、実に13年にもわたって女子学習院で学んでいました。

高等科を卒業すると、「もっと勉強したい」という思いから、3年ほど東京教育大の聴講生として学びますが、兄からの「早く嫁にいけ」という言葉をきっかけに、22歳（数え年で24歳）で家庭に入ることになります。

「両親もその気になって、話があったもので嫁にいっちゃった。昭和14年だから数えで24かしら。昔の普通のコースよね」※41

このときに吉野が抱いた**「もっと勉強したい」という思いが、50代で花開く**とは、このときは考えもしなかったことでしょう。

しかし、最初の転機がこのときすでに近づいていたのです。

30歳 納屋の古新聞がきっかけで、大学入学を決意

お見合い結婚をすることになった吉野が重視したのは、相手の仕事です。といっても、高収入の夫を望んだわけではありません。吉野には「海外に住んでみたい」という思いがあったため、大阪商船に勤める吉野英二と結婚しました。

大阪商船ならば海外にも支店があるし、なにより大阪もまた、吉野が憧れた土地の一つでした。確かに東京からすれば、文化の違う大阪は海外のようなものかもしれません。

しかし、結婚してまもなく太平洋戦争が勃発して、転勤どころではなくなってしまいます。横浜に新居を構えて新婚生活をスタートさせると、吉野は坂道を自転車で上って、図書館に通いはじめます。「まだまだ学びたい」という心の声に素直に従った習慣だったのでしょう。

その後、憧れの大阪への転勤は果たすものの、夫が結核になってしまい、自身も肋膜炎を患います。父の勧めで、吉野は夫とともに東京に戻ってくることになりました。娘の生活を心配した父は、吉野の夫のために、軍需会社の就職先を紹介しています。

ここからまた新たな人生が始まるかもしれない。そう期待したのもつかの間、終戦によってまた大きく状況が変わります。軍需会社への就職の話はなくなり、借りようとしていた家も空襲で焼けてしまいます。そのうえ、父は事故死するなど、吉野はたて続けに不幸に見舞われることとなりました。

自分が何とかしなければ――。夫婦で農家の納屋を一時的に借りて暮らしながら、当時30歳だった吉野は危機感を募らせました。

納屋で古新聞を整理しているとき、津田塾大学の広告を見つけると、吉野は入学することを決意。これから仕事を得るのに武器になりそうなものを……と英語と英文学を学びました。卒業後は代用教員を2年勤めてから、母校で英語教師として働きはじめます。

主婦として夫を支えるつもりが、30歳から英語を一から学び、教師にまでなっているのですから、そのパワフルさには驚かされるばかりです。

40歳

教師を3年で辞め、またリスタート

しかし、吉野が英語教師になった動機は、あくまでも「生活のため」。夫の仕事が再び軌道に乗りはじめると、吉野は「これでいいのか」と葛藤しはじめます。

そして冒頭で書いたように、友人から「なんて先生くさい」と言われたことで、吉野は自分の本当の気持ちと向き合うようになったのです。

友人の遠慮のない言葉から「何となく作り笑いしているところが見えたんでしょうね」と自分なりに分析しながら、こうも述べています。

「そういう一言に私はとっても弱いの。本質をついているから。それでやめたの」※41

脳科学者の茂木健一郎氏は加藤一二三棋士から、こんな言葉を聞いたのが、心に残っているそうです。吉野もまさにこんな心境だったのでしょう。

「誰かが何かを言ったら、それは神の声だと思うようにしている」

教師活動に3年でピリオドを打った吉野。40歳でまたリスタートすることになりました。

懸命に続けていたことを辞めるとき、人はつい不安になってしまうものです。しかし、**キャリアに空白をつくることで生まれるものもあります。**

吉野の場合は近隣の人に誘われて、何気なく始めた習い事が、人生を大きく動かすことになるのでした。

◉ 習い事の道具から発想を飛躍させた

吉野が新たに始めた趣味とは「地唄舞《じうたまい》」です。

地唄舞とは、日本の伝統舞踊であり、少ない動きで繊細かつ優艶さを表現する「抑制した間」が特徴です。

だが、吉野が着目したのは、舞踊の動きではなく、舞の道具として使う「扇《おうぎ》」でした。日本舞踊では、入門すると師匠から、その流儀に応じた扇が新入りの弟子に贈呈されます。

いわば、日本舞踊では「師弟の証」ともいえる重要な扇。よく考えてみれば、ほかの日本の伝統芸能、たとえば、能、落語、講談などでも、扇は欠かせないアイテムであることに、吉野は気づきます。

「扇に芸がプラスされればそれだけでどんなものでも、情景でも、気分でも表現できる」

扇はなんと奥深い道具なのか……。そんなふうに考えはじめたときのことです。

思索は時に出会いを呼び寄せることがありますが、吉野はある結婚式の披露宴に参加したときに、以前、講義を受けたことがある民俗学者の和歌森太郎と出会いました。


そこで吉野が扇について「これまでどんな研究がなされていますか？」と先行研究について尋ねてみたところ、「まだされていない」と言われました。

先行研究があれば、自身の疑問に答えてくれるものなのかどうかを確かめることができるし、もし不十分な内容ならば、自身が奮起して、新たな要素を加えた研究を行うこともできます。


しかし、それがまったくないという状態になると、簡単にはいきそうにありません。

これまで誰もやってこなかったのは、何か理由があるのではないか……挑む前にあれこれと考えて、結局は手を出さずに終わる。人生経験を重ねると、物事は簡単ではないと知っているだけに新たな挑戦には躊躇しがちです。吉野にもそういう迷いはあったことでしょう。

しかし、吉野のなかでは**「誰もやっていないからこそ、自分が挑戦する価値がある」**という意欲が、迷いや不安を上回ったようです。40歳からライフワークとなる「扇の研究」の道へと突き進んでいきました。

53歳 扇の研究の集大成として、『扇』を出版

「扇は性のシンボルではないか？」

研究者としての吉野のそんな発想は、ぶっ飛んでいるばかりか、性をタブー視してきた柳田民俗学では到底、生まれようのないものでした。

まず、吉野は扇が「蒲葵《びろう》」に似ていることに着目。蒲葵とは、九州、沖縄、小笠原などの暖地の海岸に自生する植物のことです。

そんなふうに思考が走り出したら、もう止まらなくなるのが吉野です。「蒲葵が扇の起源である」という仮説のもとに、さらに発想を広げていきます。「蒲葵は男性の象徴ではないか」と。

日清の創業者である安藤百福は、まったくの未経験から、インスタントラーメンの商品開発を行い、こんな言葉を残しました。

「素人だから飛躍できる」※9

吉野の研究者としての出発点をみると、この百福の考えを思い出さずにはいられません。吉野は実際に沖縄にわたり、現地の人への調査も行いながら、自身の推測を裏づけていきます。

吉野は研究の集大成として、53歳のときに『扇』という本を書きます。その後も、コンスタントに本を出版。著作は20冊以上に及び、学会発表も行うようになりました。師匠もおらず、弟子もとらずに、独自の学問ジャンルを切り開いた吉野。60歳では文学博士も取得しています。

吉野の次の言葉は「人生１００年時代」において、誰もが心に刻むべき格言です。

「遅い出発、必ずしも遅くはなかったのである」※42

吉野裕子に学ぶ
大器晩成のヒント

◉ 誰もがやったことがないことに挑戦しよう。

◉ 知識がないからこそ生まれる発想もある。

◉ 人生をかけて打ち込む分野に不意にめぐり合うことも。

レイ・クロック

1902〜1984
実業家

人生経験を重ねて磨かれた「直感」で勝負できるのは、中年期の面白さの一つかもしれません。アメリカの実業家レイ・クロックは周囲の反対を押し切ってまで、「これはいける」という勘を信じて大勝負に出ます。しかし、降りかかるのは困難ばかりで……。

略歴 アメリカのイリノイ州に生まれる。高校中退後、紙コップのセールスマンからマルチミキサー販売会社の経営者に転身。1954年にマクドナルド兄弟と出会い、マクドナルドのフランチャイズ権を獲得。全米展開に成功したばかりか、世界中で店舗を拡大した。

紙コップを売っていた営業マンがマクドナルドを創業するまで

◉「人生に大したことは起きない」という思い込み

この先の人生では、大したことは起こらないだろう――。

年齢を重ねるにつれて、そんなふうに決めつけてしまいがちですが、偉人の生涯を数々みていると、そんなことはないな、と実感します。

マクドナルドの創業者レイ・クロックは職を転々としたのち、17年間にわたってリリー・チューリップ・カンパニーという会社で、紙コップの営業を行っていました。

クロックが在職していた頃、特に１９２７年から１９３７年にかけての10年間は、紙コップ業界が急成長した時期です。クロックも仕事にやりがいを感じながら、日々働いていました。

ガラスのグラスに比べて、紙コップは衛生的で破損による危険もなく、テイクアウトにも対応できます。巧みなセールストークで自社製品の長所を打ち出しながら、クロックは社内でトップの販売成績を誇ったといいます。

会社に認められて、セールスマネジャーにまで出世もした……まさに順風満帆です。

自伝でこう振り返っています。

「私はこの仕事を自分の一生の仕事にすると誓いを立てた。生活のすべてをかけ、ほかの仕事にはいっさい目もくれなかった」※44

まさに今の仕事が天職だと感じていたクロック。

しかし、人生というのはわからないものです。そこから妻の反対を押し切ってまで、クロックは二度にわたる大転換を図ることになります。

27歳　いきなりの減給にブチ切れる

「一生の仕事にする」と言うほど満足していた会社員生活から、クロックが抜け出したわけは2つあります。

一つは、業績不振により減給を言い渡されたことです。

ある日、クロックは呼び出されると、「きみの営業成績は非の打ちどころがなく、会社としては心から感謝している」と前置きをされたうえで、減給と経費カットの話を切り出されました。

全社員を対象にした処置でしたが、クロックは納得できませんでした。

「私はショックを受けた。減給うんぬんより、仕事に対するプライドが傷つけられた。これがナンバーワンセールスマンに対する処遇なのか？」※44

「受け入れられない」とクロックが告げるも、「選択の余地はない」ときっぱり言われたので、すぐさまこう言い返しました。

「選択の余地がない？ それなら辞めます。今この場で辞職宣言して、2週間後にはもうここには来ません」※44

これには会社側も慌てたようで、結局はクロックだけに特別手当を出すことで、減給分をカバーすることになりました。

今の不景気な世の中を考えると、会社の理不尽な仕打ちは、どこにでもありそうな話です。クロックの場合は、抜きんでた結果を出していたがゆえに、強気な態度に出て、会社側が折れることになりましたが、レアケースでしょう。

40代という年齢もあってか、私の周りでも転職ではなく、独立の道を選ぶ友人が少なくありません。自分の決断で行動した結果としての不遇のほうが、まだ受け入れられるということなのでしょう。

会社から一方的な通告を一度でも受けると、たとえ一度は思いとどまったとしても、組織への不信感はぬぐい切れないもの。

クロックもまた、まったく違う角度から、長年勤めた会社への不満を募らせることになります。

35歳 会社の行く末に絶望して脱サラ

会社の業績が悪化しているならば、これまでどおりに仕事をしているだけでは、ジリ貧に陥るばかり。新事業を開拓する必要があります。

クロックはその点においても優秀な社員でした。顧客のビジネスがうまくいけば、紙コップがさらに売れるはずと、コンサルティングも厭いませんでした。

顧客の動向を見て順調そうな事業があれば、それをほかの顧客に紹介。ヒントをつかんでもらうために、現場の見学を促したりもしていました。

そんななか、クロックが可能性を感じたのが、「マルチミキサー」です。

自家製ミルクシェイクを売る店が好調なのを見て、大量のミルクシェイクを同時に作れる「マルチミキサー」の機械は必ず売れるはずだと、クロックは確信します。得意先がマルチミキサーの機械を開発すると、いち早く販売独占契約を結ぶことに成功しました。

このクロックの読みが見事に当たり、さっそく問い合わせの電話がオフィスに殺到。新事業に会社がにわかに活気づき、忙しくなってきたのです。

そのときの誇らしい気持ちをクロックは、こんなふうに表現しています。

「業務は多忙を極め、私はまるでリンドバーグやペリー艦隊司令官といった英雄にでもなった気持ちだった」※44

ところが、本社はこの新事業にまるで理解を示しませんでした。それどころか、「マルチミキサーを始めたせいで、問い合わせの電話が増えた」と文句を言い出したのです。クロックが絶句したのも無理はありません。

窮地にもかかわらず、改革を拒む経営陣——。

これもまた、あちこちの企業で見られる光景といえるでしょう。理由は簡単で、経営陣は現状維持をしておけば、定年まで逃げ切ることができるからです。

保守的なプライドもまた、新事業を拒む要因となります。クロックの耳には、信じがたい本社の声が届きました。

それは、「我々はペーパーカップ製造者で、弱小ミキサー業者の卸屋になるつもりなどない」というもの。クロックは深く失望します。

「私にはまったく信じられないことだった。マルチミキサーの可能性はまだスタートしたばかりだというのに……」※44

挑戦を拒めば、その会社にもはや成長の余地はありません。クロックにとっては、給与カットよりもショッキングな出来事だったようです。

新事業の可能性を否定されて、独立に踏み切った結果、名経営者となるケースは意外と多くあります。

松下幸之助は新しいソケットを考案するも、「だめだよ、これは」と上司に一蹴されてしまいました。すると、22歳の幸之助は独立して、ソケットで勝負することを決意。改良した二股ソケットでヒットを飛ばし、松下電器の創業へと発展させています。

京セラの稲盛和夫も、新たに着任した上司がセラミックの技術を軽視。現場をないがしろにしたため、「それでは会社を辞めます。今日限り辞めます」と言って、27歳でプッツン退社しました。

このときのクロックも、やはり退社を決意しています。

「会社を辞めることに決めました。マルチミキサーの代理店をやるつもりです」※44

ただ一つ、大きな壁がありました。それは妻です。

転職業界では「嫁ブロック」なる言葉があります。転職や独立を考えた既婚男性が、妻の反対にあうことを指します。

クロックは年齢を引き合いに出されながら、妻にこう反対されました。

「あなたは35歳なのに、20歳の頃のように一からやり直そうというわけ？　マルチミキサーだって、今は調子よく思えても、一時の流行で終わってしまうかもしれないのに」※44

結局、クロックは妻を納得させることはできませんでした。それでも結果で示すべく、マルチミキサーの販売会社の経営へと踏み切ったのです。

52歳 「マクドナルド兄弟」と出会い、再び大転換

最初は苦戦しながらも、ドラッグストア、ソーダ・ファウンテン、乳製品の小売店など、販売先を全国各地に拡大。順調に売上を伸ばしていきました。

35歳から52歳までの実に17年にわたって、クロックはマルチミキサーの販売に従事しました。紙コップの営業に打ち込んでいた年月と同じだけ、マルチミキサーの営業1本で結果を出してきたことになります。

クロックが脱サラして事業を起こしたのは成功だったといえるでしょう。もう十分に人生で冒険はし尽くした。そう考えてもおかしくはありません。

しかし、あることに気づいたことで、クロックの人生は再び激流へとのみ込まれていきます。

全米から注文が殺到したかと思うと、みなが同じことを口にしたのです。

「カリフォルニアのサンバーナーディノでマクドナルド兄弟が使っているのと同じマ

ルチミキサーが一台ほしい……か。これでいったい、何件目だ？」

そこでクロックは、マクドナルド兄弟が経営するハンバーガーショップを訪ねてみました。

すると、そこには驚くべき光景が広がっていました。

ハンバーガーの製造は、パテを焼く者、バンズを挟んで包む者など、役割に応じて分業が徹底。商品のメニュー数も絞り込まれているため、客が注文してからハンバーガーができるまで、わずか30秒という組み立てラインが構築されていたのです。

それだけではありません。飲み物は紙コップで提供し、ハンバーガーやポテトなど商品も紙で包むため、食器洗浄機を置く必要もありません。そして、8台のマルチミキサーをフル稼働させることで、40杯ものミルクセーキを作るという体制ができあがっていました。徹底的に効率を追い求めたからこその現場です。

店内が清潔で従業員の育成が行き届いている点でも、クロックはすっかり魅了されてしまいました。

そのときの衝撃について、クロックはユニークな表現で振り返っています。

「それを初めて目の当たりにしたとき、私はニュートンの頭に〝ジャガイモ〟が落ちてきたかのような衝撃を受けたものである」※44

クロックは、売上の0・5%をマクドナルド兄弟に支払う条件で、「マクドナルド」という名のハンバーガーショップをチェーン展開するという契約を結びました。

妻はもちろん、またもや反対です。クロックからしても、35歳で事業を立ち上げてここまでうまくやってきたわけですから、大転換することへの不安はあったことでしょう。

しかし、クロックはそれでも突き進みます。最初に会社を辞めるときに妻に反対されたときと、同じような気持ちで自身を奮い立たせたことでしょう。

「だからといってくじけてはいられなかった。一度心に決めたら、必ずやり遂げるのが私の信条だ。何があっても前進あるのみ」

1954年、52歳にしての大冒険です。

54歳 あらゆるトラブルを乗り越え、マクドナルドのチェーン店をオープン

あらゆる挑戦には失敗がつきものです。それは何歳からの挑戦であっても変わりません。クロックもずいぶんと予想外のトラブルに直面しています。

一つ目の大きな誤算が、マクドナルド兄弟のルーズさです。

契約書上は何を決定するにしても、マクドナルド兄弟の許可が必要でしたが、マクドナルド兄弟はいつも口頭で対応するのみ。新たに決まったことを書面にするのを面倒くさがったのです。

それどころか、マクドナルド兄弟は、クロックに重大な隠しごとをしていました。クロック以外にも10店舗ほどすでにフランチャイズ契約を結んでいることはマクドナルド兄弟から事前に伝えられていました。しかし、それ以外にも1店舗、別の会社に、フランチャイズ権を売却していたことが明らかになったのです。

それもクロックの会社や自宅があり、そして1号店を開いたイリノイ州クック郡において、別会社にフランチャイズ権を売却していたというから、当然、そのままにしてお

くわけにはいきません。

また、調理面でも壁にぶち当たりました。フライドポテトがどうしてもうまく揚がらないのです。製法については、マクドナルド兄弟から散々レクチャーを受けていたにもかかわらず、です。

「ジャガイモの皮はできるだけ薄くむき、少し皮を残した状態にすれば、風味が逃げないんだよ」

クロックは得意気に、マクドナルド兄弟から得た受け売りの知識で従業員を指導しましたが、できあがったフライドポテトは、明らかに味が劣っていました。

いずれも頭を抱える深刻な事態です。しかもクロックは、**この事業のためにすでに全財産を投げうっています。もはや引き返すことはできません。**

それでも「何かしら乗り越える方法はあるだろう」と考えられるのは、積み重ねてきた人生経験があり、かつ、体力もまだある50代ならではかもしれません。

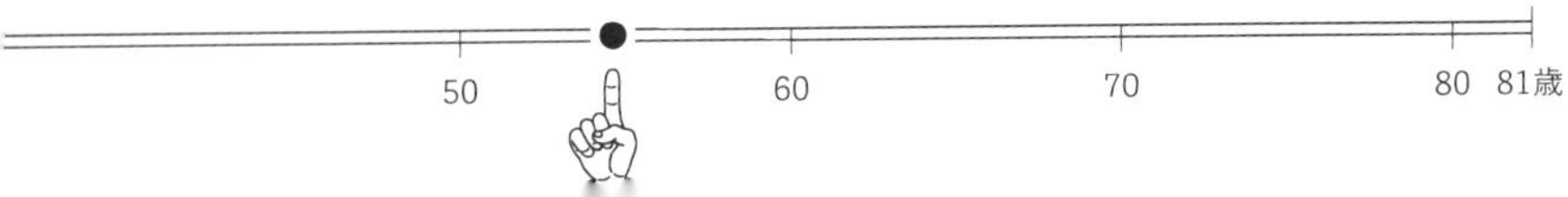

まず、マクドナルド兄弟が口頭で決まったことを書面にしたがらない問題については、クロックは大胆にも「勝手に進める」という道をチョイス。もし訴訟されれば勝ち目はありませんが、事業がうまくいけば問題ないはずと、どんどん進めていきました。

また、マクドナルド兄弟がほかの会社に勝手にフランチャイズ権を売ってしまったという問題には、すぐさま買い戻すことで対処しました。

当然、そのための資金が必要となりますが、クロックはすでに借金だらけ。がむしゃらに働くほかありませんでした。

朝は清掃員とともにマクドナルドに出社。材料の発注や厨房の準備はもちろん、経営者でありながらトイレ掃除も率先して行いました。

それでいて、夜はマルチミキサーを売り歩いて、再びマクドナルドに戻る。そんな日々を送ったといいます。

ハードな日々を支えたのは、「マクドナルドの事業を成功させる」という並々ならぬ意欲です。

膨大な仕事に追われながらも、店舗で「M」のマークが夕方になっても点灯されていなかったり、駐車場にゴミが散乱していたりすれば、現場に厳しく注意したといいます。

「困難は百も承知で、私はマクドナルドに完璧を求め、それを何より優先させたのである」※44

完璧を追求する姿勢は、調理面でも発揮されました。

フライドポテトがうまく揚がらないという問題については、アイダホポテトの保存法に原因があると突き止めました。

これまでは木箱に入れて日陰に保存させていましたが、ジャガイモは乾燥させることで、糖分がでんぷんへと変わり、味が美味しくなります。マクドナルド兄弟は、たまたま蓋のない容器で保存していたため、意図せずして自然乾燥が行われていたことがわかったのです。

クロックは保存場所である地下室に、巨大な扇風機を設置。風通しをよくしたところ、フライドポテトの味が格別なものとなりました。

マクドナルド兄弟と出会ったサンバーナーディノ店での感動を思い出しながら、クロックはこう胸を張ります。

「開店から3カ月、ようやく私の期待どおりのフライドポテトができあがった。ひょっとしたら、サンバーナーディノ店を上回るおいしさだったかもしれない」※44

こうしてあらゆる角度からの困難に対処しながら、1956年の4月から年末までにマクドナルドのチェーン店としてカリフォルニア以外にも7店舗をオープンさせ、売上を急増させていくことになったのです。

◉ 失敗こそが挑戦の醍醐味だ

思えば、ぶつかった壁をなんとかして乗り越えるときほど、自身の成長を感じられる瞬間もないでしょう。

マクドナルド兄弟との契約トラブルは「もう後には引けない」とクロックの意志を強固にしました。また、フライドポテトの調理では苦心した分、商品の品質管理の重要性に気づかせてくれました。
いずれの「失敗」も、その後のマクドナルドの飛躍につながったのです。
50代からの新たな挑戦。その価値の一つが「失敗を経験できる」ことではないでしょうか。

レイ・クロックに学ぶ

大器晩成のヒント

◉「感動」を広げるための行動を起こす。

◉周囲の反対は、自分の覚悟を問う絶好の機会。

◉困難を乗り越えるたびに仕事は洗練されていく。

小泉淳作

1924〜2012
画家

50代から水墨画をはじめ、新しいジャンルで独自のスタイルを確立

一つの道を究めるには年月がかかることは確かですが、挑戦するのに遅すぎるということはありません。なぜなら一見、関係のない人生経験だって、新たな取り組みできちんと生かされるからです。50代から水墨画を始めた小泉淳作の人生をみてみましょう。

略歴 鎌倉生まれ。慶應義塾大学文学部予科を中退後、東京美術学校日本画科に入学。デザイナーとして活躍したのちに、38歳から陶芸を始めて、48歳で画家として独立。山種美術館賞展で優秀賞受賞。鎌倉の建長寺法堂の天井に「雲龍図」を、京都・建仁寺法堂天井に「双龍図」を描く。

◉「今からはじめても遅いかも……」と躊躇してしまう人へ

「自分にはこんな仕事が向いているんじゃないか」
「実はこういうことが得意かもしれない」
「今まで興味がなかったけれど、意外と面白いことに気づいた」

新しいジャンルに関心を持つタイミングは人それぞれです。

でも、いざアクションを起こそうと思うと、すでに十分に経験を積んでいる人がたくさんいることに気づかされて、「今からやっても遅いかな」と躊躇してしまうこともあるでしょう。

私自身は興味関心の幅が広いほうですが、新たな挑戦をするときには、なんだか長い行列の一番後ろに並んだような感覚に陥ります。

すでに、この分野にずいぶん前から打ち込んでいる人がいて、自分なんかが今さら始めても意味はあるのだろうか……という気持ちが湧いてきてしまうのです。

そんなときに思い出したいのが、画家の小泉淳作の生き様です。**小泉が「水墨画」に目覚めたのは、50歳を過ぎてからのこと。**そこから唯一無二の画風を確立して、強烈な存在感を放ちました。

18歳　絶望して作家志望から方向転換

「画だけで食べていけるようになったのは59歳」※45

そう振り返る小泉は、もともと作家志望でした。

しかし、入学した慶應義塾大学予科の同じクラスに、4歳年上の安岡章太郎がおり、その才能を目の当たりにしたことで、考えが変わったといいます。

ちょうど学園生活にも、軍国主義の影響が出はじめた頃のこと。鉄砲を担いで何時間も歩かされるつらい訓練が行われるなか、安岡から「俺はなあ、こんなストーリーをいま考えているんだ」と、長々と物語を聞かされました。

当時を小泉はこう振り返っています。

「そのようなたくましい空想力や創造力が自分にはまったくないのを見せつけられているようで、内心コンプレックスの塊にさせられてしまうようなことがしばしばあった」※45

自分には作家の才能がないのではないか――。同人雑誌に掲載された安岡の短編を読むと、そんな思いを強くしたようです。

「自分にはとても及びもつかない人が目の前にいるのだということを知り、絶望に近い気持ちを持った」※45

夢を追いかけようとした矢先に出鼻をくじかれた小泉。教室の雰囲気になじめなかったこともあり、大学を休学します。

もともとは絵が好きだったことから、受験の準備をスタートさせ、翌年には東京美術学校（現：東京藝術大学）に転校。画の道に邁進することになったのです。

27歳　美術学校卒業後は、デザイン業で生計を立てる憂鬱な毎日

東京美術学校の日本画科に入学した小泉は、軍隊に召集され、体を壊したりしながらも、復学を果たして27歳で卒業しました。

「絵描きで生活をしていくのは難しいだろう」

そんな思いから、フリーのデザイナーとして、商業デザインを手がけるようになります。時期としては、ちょうど戦後の経済が復興へと向かっていた頃で、かつ、当時はまだ商業デザイナーの数が不足していました。

小泉は依頼されるがまま、お菓子のパッケージから自転車のデザインまで、多岐にわたる仕事を請け負いました。

仕事自体は順調でしたが、精神には鬱屈したものが蓄積していきます。

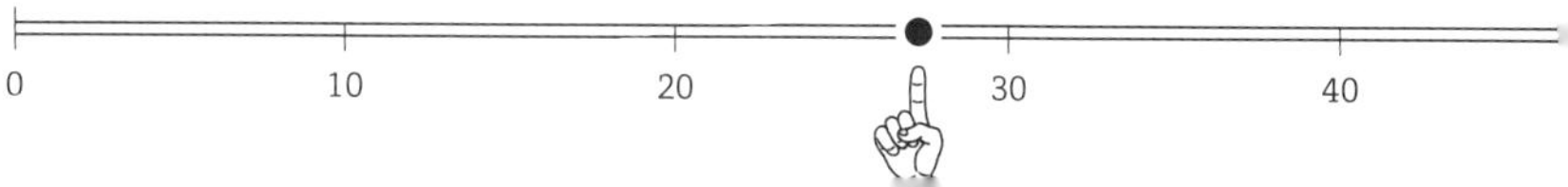

「小金が入って、結構楽に暮らすことができるようになったのだが、どうもこの仕事が好きでなく、そして案外やればできるのだが、イヤでイヤで何とかして早く、この商売から足を洗いたいものだと考えていた」※45

机に向かって30分もすれば、飽きて「ああ、嫌だなあ」とため息ばかりついていた小泉。つらい日々でしたが、その分、傍らで描いていた画業のほうにはどんどんストイックになっていきます。

「好きでもないデザインで生きることは私にとっては、人のためスポンサーのために自分の時間を売っているわけで、その傍らで絵を描くときは、そのときこそ自分のために仕事をするわけだから、自分が納得できない絵を描いたらまったく意味がない」※45

気に入らない作品は、ことごとく破り捨てました。そのため、この時期に描かれた小泉の画は、あまり残っていません。

48歳　とうとう机と道具をすべて放り出す

画家として暮らしていきたいという思いは強くなるばかり。そんなときに、意外な方向から、人生が動き出します。

それは趣味で始めた陶芸です。近所で評判になり、陶芸を家の前に並べておくと、客が買っていってくれるようになりました。

陶芸で得た収入と、画家の収入をあわせれば、デザインの仕事をしなくても、なんとか生計が立てられそうだ……というところまでくると、小泉はこう喝采しました。

「これでもう見込みがついた、万歳！」※45

そう叫ぶや否や、デザインの道具や机をすべて捨ててしまったというから、なかなか豪快です。裏を返せば、それくらいのことをしなければ、決心がつかなかったのかもしれません。安定した生活を捨てることへの葛藤に打ち勝った瞬間です。

注目したいのは、趣味で始めた陶芸が独立を後押ししたこと。会社勤めをしているうちに、少額でも自分で稼げる道を見つけておくと、独立後の生活を描きやすくなることもあるのです。

小泉は48歳にして、趣味の陶芸を収入の足しにしながらも、画家として生きていくことを決めました。

しかし、その後、絵だけで生計を立てるまでにも、紆余曲折がありました。

「これで何とか人生の目標に近づいたのであるが、その後、本当に絵だけでオマンマが食えるようになったのは、それから10年後の59歳の頃である。考えてみれば、絵描きとしてはずいぶん奥手であったものだ」※45

いわば、小泉にとって**50代は「好きなことで食べていけるかどうか」の正念場の時期**だったといってよいでしょう。

60代 水墨画で独特のスタイルを確立

小泉は50代後半になると、唐宋画の影響を受けて、水墨画を制作するようになります。

水墨画とは、主に墨の濃淡を利用して描いた絵画のこと。水墨画について小泉は、「色という感情的表現を否定したところから生ずる象徴的世界」として、映画を引き合いに出しながら、その魅力を次のように語っています。

「映画でもモノクロの画面が出てくると、何となくいい映画ではないかという予感がするのは私だけではないだろう。色という余分な説明をなくすることによって、見る人に自らの想像力を高める効果があるからであろう」※45

小泉は以前から「水墨画に挑戦してみたい」という気持ちを持ちながらも、なかなか踏み切れませんでした。

しかし、奥秩父の冬山を写生しているときに、「この風景をいつかは墨絵で描いてみたいな」といつものように思いながら筆を動かしていると、小泉は激しい思いに駆られます。突如、自分をこう鼓舞しました。

「いつかはとは何だ、自分はもうこれからどのくらい生きられるのか、描きたいのなら今から始めるべきではないか」※46

その日に帰宅して以来、小泉は水墨画を追求。特定の美術団体に属することなく、画壇とも距離を置きながら、独自の画風を確立していきます。60代以降は果物や野菜の絵を描いて、徹底的な観察と写実による小泉ワールドを展開。特に晩年は「蕪《かぶ》」の絵を何度も描きました。

その技法はユニークで、まずは紙いっぱいに墨を塗り、そこから蕪の実の部分だけを消していくというもの。一度、塗ったものを消すことで、どうしても取れない色が独特の質感として残り、蕪の存在感を際立たせることになります。

そんな技術も含めて、小泉は**さまざまな人生経験を積んできたからこそ、たどり着ける場所がある**と考えていました。

「最初からぱっと若いうちから描ける人は天才ですよ。だけど、僕は天才じゃないからそういうことはできない。だんだんそれがある程度経験してくると絵のほうからね、今度はこう描けと教えてくれる」※47

世の中では、どうしても若き才能がクローズアップされやすく、ややもすれば、年齢を重ねること自体をネガティブにとらえてしまいがちです。

しかし、**成熟した内面が備わることで、初めて見える風景もあります。**

晩年は、寺院の天井画や襖絵などの大作に取り組みながら、87歳で生涯を閉じた小泉淳作。

商業デザイナーとしての生き方を変えるべく、これまでの商売道具を全部捨てて以来、40年にわたって画家として充実した人生を送りました。

0 10 20 30 40

小泉淳作に学ぶ
大器晩成
のヒント

◉ 好きなことに打ち込める環境を整える。

◉ 「いつか」はこない。「今」始めよう。

◉ 年齢を重ねて初めてたどり着ける場所がある。

川田龍吉

1856〜1951
実業家

実業から農業へと50代でシフト、「男爵イモ」を日本中に広める

引退後には悠々自適に過ごしたい――。現役時代は常々そう思ってはいても、いざ何もしなくてよくなると、退屈するのが人間です。川田龍吉は社長業をやりながら、自分の興味関心をうまく事業につなげて、ライフワークとしました。どんな人生だったのでしょうか。

略歴 土佐・杓田村（現・高知市）に生まれる。慶雁義塾に入塾するも1年足らずで退塾。スコットランドに留学し、帰国後は三菱製鉄所、日本郵船を経て、横浜ドック社長に就任する。社長辞任後には北海道の農業近代化に尽力。「男爵イモ」を日本中に広めた。

◉「このままでいいのか」と不安になるのが中年期

40代から50代で迎える「ミッドライフ・クライシス」。残りの人生のことを考えて、こんな不安に陥ってしまうことがあります。

「いつまでこの仕事を続けられるのだろうか」
「自分の人生はこのままでいいのか……」

私が40歳を機に、勤めていた出版社を辞職して、フリーの物書きへと転身したのも、残りの人生が見えてきたときに「このままでいいのだろうか」と不安に駆られたからでした。

編集長としてさまざまな判断を下さなければならない一方で、現場からは離れてしまい、会議ばかりの日々。まだまだプレイヤーとして活躍したいという気持ちが思いのほか強かったのだと気づいたのは、辞めてからのことです。

大半の人が経験する「ミッドライフ・クライシス」を打開するには、どうすればよいのでしょうか。その方法の一つが**「新しいことにチャレンジする」**ことです。

川田龍吉は三菱製鉄所、日本郵船を経て、横浜ドック社長に就任。その後、農場経営に乗り出して、第2の人生を謳歌することになります。

21歳 スコットランドに渡り、7年間の留学生活が始まる

川田龍吉は、土佐藩士の川田小一郎と妻・美津の長男として、土佐郡杓田村に生まれました。

小一郎は、大坂の土佐藩邸に勤務していた頃に、三菱の創立者・岩崎弥太郎と出会います。弥太郎は上司の立場でしたが、二人は意気投合します。弥太郎の三菱の事業を、小一郎が補佐することになりました。

龍吉が18歳になったばかりの頃に一家が東京に移ると、龍吉は慶應義塾に入塾。塾内の医学所へと通うことになりましたが、すぐにやらかしています。何を思ったのか、構内に「医師はバカなり」と落書きをして問題となり、1年足らずで退塾しました。

その後、スコットランドの造船所からヘンリー・ロブニッツが来日。外国人技術者の

雇い入れについて相談したいと、三菱商事の事業に携わる小一郎の家にやってきました。するると、小一郎は「息子を留学させてほしい」と、ロブニッツにこんなふうに頼み込んだそうです。

「一職工から鍛え上げてくれ」

そんな父の願いもあって、明治10（1877）年3月、21歳の龍吉は、イギリスのスコットランドに渡ることになりました。

造船業の盛んなグラスゴーの地で乗船所に身を置いて、鋳造、造機、製図などの実地訓練を積みながら、翌年にはグラスゴー大学に入学。技芸科で、船舶機械技術を学びました。

冬には大学の座学で船舶について学び、ほかの時期には造船所で訓練に励む——。そんな学習スタイルで、7年にわたる充実した留学生活を送りました。

このときに龍吉は、しばしばスコットランドの農村を訪れて、先進の技術を目の当たりにし、「偉大な工業国は偉大な農業国でもある」と実感したのでした。

41歳 「横浜ドック」の初代社長に就任

帰国後、龍吉は三菱製鉄所に入社。イギリス帰りの青年技師への期待は大きかったようで、破格の待遇で迎え入れられています。龍吉が持つ船舶における最新の知識と技術は早速、現場で活用されることになりました。

翌年には、岩崎弥太郎が率いる郵便汽船三菱会社と、三菱による独占を防ぐために政府と三井が立ち上げた共同運輸会社が合併。日本郵船会社が誕生すると、龍吉は新会社へと移ります。

そして日本郵船会社に在籍しながら、三菱の造船部門でのちに主力となる新会社の設立準備にも力を注ぐことになりました。

新会社とは、船の修繕施設「横浜ドック」です。明治30（1897）年に龍吉は41歳で初代社長として就任。その前年には父が亡くなったことから、龍吉が川田家を相続し、「男爵」の称号も継承しました。

龍吉はトップリーダーとして、ポンプ設備や蒸気缶など機械設備を急ピッチで整備しながら、優秀な技術者を積極的に採用。就任して約半年で倍額増資を敢行するなど、業績を順調に拡大させました。

社長として多忙な日々を過ごす一方で、プライベートでは、当時はまだ珍しかったブルドッグなどのペットをたくさん飼いはじめます。

つくづく経営者とは、気づけば私生活の趣味からも、ビジネスの種を撒く生き物のようです。ペットとの生活から、龍吉の関心は大型家畜を飼育するような、農牧業の経営へと向けられました。

明治31（1898）年、龍吉は軽井沢に別荘を購入。家族の避暑地として活用しながら、産馬の改良と養豚類の飼養を目的に、牧場経営をスタートさせます。

そしてまたいったん事業を始めると、そのバリエーションを拡大させるのもまた、経営者の性なのでしょう。

龍吉は明治35（1902）年から牧場に畑作農業部門を加えて、総合農場として発展させています。

47歳　社内の対立や軍の介入で憂鬱になり、社長を辞任

どれだけ周囲からは順調に見えても、トラブルなき人生はありません。仕事でもプライベートでも責任が重くなる40代～50代は特にそうです。そんなときのために、何かしらの逃げ場があったほうがよいでしょう。

龍吉にとっては、ひょんなことから始めた農場経営が、そんな目先を変えてくれる重要な場所になりました。

明治34（1901）年ごろに、横浜ドックは設立以来の経営危機を迎えます。前年に日清戦後の企業勃興の反動として、経済界が恐慌に見舞われた影響が大きかったようです。しかし、龍吉からすれば、問題は別のところにもありました。

龍吉は株主にきちんと配当を行い、株価の下落を防ぐことが第一だと考えるようになります。しかし、経理担当の重役はその方針を良しとせず、社内で対立が深まるばかり。もともと、技術者としての顔を持つ龍吉は、技術畑ではない他の重役としばしば意見

が衝突しがちでした。龍吉に対抗するために、他の経営陣は外国人技術者をことあるごとに重用し、自らの発言権を高めようとしました。

加えて日清戦争以降は、軍の関係者が「富国強兵」のスローガンのもとに、さまざまなかたちで社内に入り込んでいたのも、龍吉を憂鬱にさせます。

龍吉が軽井沢の牧場を総合農場へと発展させたことはすでに書きましたが、その時期は、まさにこの経営不振の時期と一致します。会社でどうしようもないストレスを抱えては、農場へと足を運ぶ回数が増えていったのでしょう。

ひと月の大半を軽井沢で過ごすようになり、龍吉は決断を下します。12月の株主総会で社長を辞任。47歳で経営の一線から退くことになりました。

53歳 ひょんなことから「男爵イモ」大流行の立役者に

人生で大きな決断を下すタイミングは、果たしていつがよいのでしょうか。

答えは人それぞれですが、「このままいくと、自分らしさを失うかもしれない……」

という危機感を持ったならば、そのときかもしれません。

龍吉はもともと心優しい好人物でしたが、中年以降は気難しくなり、「カンシャク男爵」と呼ばれるようになります。それだけ精神的なストレスが蓄積していたのでしょう。

社長退任から3年後の明治39（１９０６）年、経営危機に陥った函館ドック会社の再建を渋沢栄一らから頼まれると、これを快諾。北海道に渡って専務取締役として現場に復帰します。見事な手腕で経営を立て直して、明治44（１９１１）年に後任を弟に譲り、その職を辞しました。

55歳にして再び自由の身になった龍吉。完全に引退するにはまだ若い年齢です。かといって会社に中途半端にかかわれば、老害になりかねないとも考えたのかもしれません。ここからまったく違う道へと進みます。

函館にやってきたときから、ドックの仕事をしながら、七飯村に農地を購入。こんな思いから農場開発に取り組んでいました。

「農業と工業の調和のとれた発展を目指す」

これまで**実業家として工業を発展させてきた龍吉は、人生の後半からは農業へと、本格的にシフト**していくことになります。

新しいチャレンジには困難がつきものですが、弟の川田豊吉曰く、龍吉は「人がダメだとして振り向こうともしない仕事こそ、やってみよう」と考えるタイプだったといいます。

自分はどんな状況だと心に火が灯りやすいのか——その着火条件を普段から意識しておくと、いざというときに飛躍しやすいかもしれません。

その旺盛なチャレンジ精神をもって、海外から取り寄せたさまざまな果樹・野菜・花を試作。その中の一つが、「アイリッシュ・コブラー」という品種のジャガイモです。

龍吉は明治41（1908）年、53歳のときに品種を知らずに「アイリッシュ・コブラー」を輸入。自営の農場に導入し、普及を図ります。

この品種こそが「男爵イモ」です。龍吉の爵位にちなんで、そう名づけられて、爆発的に普及することになります。

広まったきっかけは、昭和3（1928）年に凶作が相次いだこと。凶作に強いジャガイモが重宝されるなかで、とりわけ男爵イモは収穫量が多く、なにより味が格別に美味しかったことから、急速にニーズが高まっていきました。

94歳まで生きた龍吉は、自分の実績について戸惑いながらも、こんなふうに語っています。

「日本中に広まって喜んでいる。こんなになるとは思わなかった」※48

実業の世界で大きな成功を収めた龍吉でしたが、50代からはまったくの別ジャンルに挑戦。「男爵イモ」という良質なブランド品を残すことで、後世においてもリスペクトされました。

川田龍吉に学ぶ
大器晩成
のヒント

◉ 心が動いたときに、何かしらの行動を起こしておく。

◉ 職場とは別の居場所を確保する。

◉ 人がやっていないことにこそ目を向ける。

第4章

挫折をへて50代で道を切り拓いた偉人たち

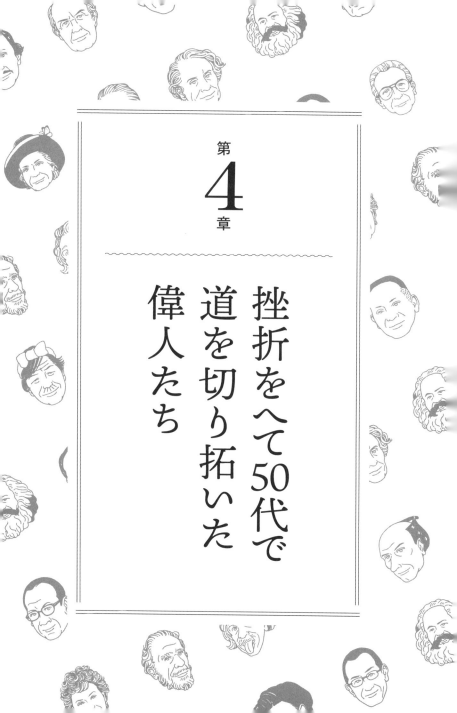

サミュエル・モールス

1791〜1872
画家、発明家

画家の道で夢やぶれ、電気の実験に没頭。モールス電信機を発明

キャリアを積み重ねていくと、これまでとまったく異なる道には進みづらいもの。一大転換を図るのに一番良いのは「大きな挫折をする」ということかもしれません。モールス電信機を発明したサミュエル・モールスの人生は、そのことを教えてくれています。

略歴 アメリカ・マサチューセッツ州に生まれる。大学を卒業後、画家になるためイギリスに留学。画家として名を馳せながら、電磁誘導の原理を応用した通信機器のアイデアを発案。専門家から技術指導を受け、電信機および電信符号を開発した。

◉ 夢破れたあと、どう生きていくか

大きな夢を持ち、それに突き進んでいれば、幾度となく高い壁に行く手を阻まれることもあるはず。夢を諦めてしまうことだってあるでしょう。

夢が破れたときに、どんなふうに気持ちを立て直すか。それは、その後の人生を豊かに過ごせるかどうかの分岐点でもあります。

ここに、46歳にして夢がかなわぬことを知らされた、一人の画家がいます。彼の名は、サミュエル・モールス。4歳から絵を描きはじめて、いつしかこんな夢を持つようになりました。

「連邦議会議事堂に飾られる絵を描きたい！」

その役目を果たせる画家は、たったの4人。簡単ではないからこそ、目指す価値があります。サミュエルは目標どおりに画家になると、選ばれてもおかしくはないほどの実績を積み上げていきます。

それだけに不採用通知を手にしたときの失望は、計り知れないものでした。

「これまでの努力はいったい、何だったんだ……」

そんな思いに駆られて、茫然自失となったことでしょう。

しかし、サミュエルはこのときに夢が破れたからこそ、偉業を成し遂げて、歴史にその名を残すことになります。

モールス信号――。

彼は**これから50代を迎えるという時期に、大胆にも画家から電報の開発者へと転身を果たした**のです。

20歳 両親の反対を押し切って美術学校へ

画家を辞めて電報の開発者になる……あまりに突拍子がない路線変更のように思えますが、サミュエルはもともと電気に関心がありました。

高校では化学や自然科学を専攻。大学でも電気を学ぼうとしたほどです。それよりも絵を描くことへの情熱が勝り、画家の道を選びました。

両親としては不安でたまらなかったようです。サミュエルが4歳のとき、タンスに教師の顔をいたずら描きしたときは「困ったやつだ」とほほ笑んだ両親も、息子が本格的に画家を目指すとなれば、話は変わります。

「画家なんかで生活できるわけがないだろ！」

両親はそう言うと「大学卒業後は書店に勤めるように」と促し、サミュエルもしぶしぶ従っています。

しかし、夢をあきらめたわけではありません。昼間は書店員として働き、夜は画家として活動するという二重生活を送るようになりました。

昼間に稼いだお金を、すべて夜の画家としての活動につぎこんだサミュエル。そんな姿を見て、両親も息子の本気度を感じたのでしょう。自由にさせることにし、サミュエルは意気揚々と、画家の道へと突き進んでいきます。

両親の気持ちを考えたときに、一つの言葉を思い出します。私は本書のような偉人の本を執筆することを生業としていますが、時には現代で活躍する人物をとりあげることもあります。『「神回答」大全』という本のなかで、俳優で歌手の武田鉄矢さんによる、こんな言葉を紹介しました。

「子育てはすべて失敗します。子育ては必ず失敗するためにやっていると思ってください」※51

その理由として「子は親を裏切るところで道をつくっていく。親が思うことと違うことを子がやりはじめたら、お母さん、あなたの子育てがうまくいっている証拠です」と説明しています。

そういう意味では、サミュエルの両親は、まさに理想的な「子育ての失敗」を経験したといえるでしょう。

自由になったサミュエルは、どんどん自分の道を切り拓いていきます。

ボストンに移住して美術の先生のもとで学ぶと、師匠に後押しされて、１８１１年にイギリスの美術学校へ。芸術団体から金賞を獲るほどの実力を発揮します。

36歳　アメリカ国立美術学校の初代所長に就任

サミュエルが両親に反発してまで、画家の道を突き進むにあたっては、ある原動力がありました。それこそが冒頭で紹介した「連邦議会議事堂に飾られる絵を描く」という大きな夢です。

再び『「神回答」大全』から、現代で活躍する人物に登場してもらいましょう。

サッカー元日本代表の本田圭佑さんは、「努力がもっとできるようになるにはどうすればいいいですか？」という相談が寄せられると、いつもこう答えているといいます。

「今の自分では実現できない夢を持つことです」※51

さらに、「夢や目標こそが唯一の努力を続ける際の希望だ」とも言っています。

サミュエルもまた確かな希望を持って、１８１５年に帰国。肖像画家としてキャリアを重ねていくと、ついに自分の絵がニューヨーク市役所などの公的機関にも飾られるようになりました。

そして１８２６年、35歳のときにはナショナル・アカデミー・オブ・デザイン（アメリカ国立の美術学校）の初代所長に就任しています。

一方で、プライベートでは、妻が死去してしまい、絵を描く気になれない時期もありました。それでも再びヨーロッパに赴いて、巨匠の絵画を研究しているうちに、また作品づくりを行えるようになりました。

帰国後、ニューヨーク市立大学の美術教授に招聘《へい》され、もう少しで夢がかなえられるかに見えました。

しかし、実績は十分にもかかわらず、サミュエルが政府から選ばれることはありませんでした。

反カトリック主義だったことが問題視されたのか、それとも、サミュエルの画風が流行とは異なると判断されたのか……。

不採用の理由など、聞きたくもなかったことでしょう。このためにずっと努力してきたのに、すべては水の泡になりました。

ショックのあまり、サミュエルは46歳にして筆を折ることになりました。

46歳 美術とはまったく無縁の、電気の実験に没頭

人生の転機となる出来事と、実際に飛躍する瞬間は、必ずしも時期が一致しません。


自分が数年前に見聞きしたことがのちに道を拓いてくれたり、意識せずに過去に撒いた種が時を経て、豊かな実りをもたらしたりすることもあります。

サミュエルの場合は、ちょうど40歳のときに、ヨーロッパで美術研究を終えて、アメリカへと船で戻っているときに、人生の転機となる出来事に遭遇します。

「長い船旅を少しでも楽しいものにしよう」とする主宰者の計らいからか、船では物理学者のチャールズ・T・ジャクソン博士が、乗客たちに簡単な電気の実験を披露して、楽しませていました。

実験を見ていた乗客の一人が、こんな質問をしました。

「導線が長くなった場合には、電気の伝わる速度も遅くなるのでしょうか？」

科学が好きだったサミュエルは気づけば、その質問に耳を傾けていました。これに対する物理学者の回答が、サミュエルの心にずっと残ることになります。

「いえ、どんなに導線が長くても、電気は瞬時に伝わることが、実験結果から明らかになっています」

このときのサミュエルは「自分の絵が連邦議会議事堂に飾られる」という大きな夢に向かっている真っ最中です。そのため、それ以上、科学的な関心を探究することはありませんでした。

しかし、長年の夢が潰えた今、サミュエルは6年前のこの出来事を思い出して、こんなひらめきに心をとらわれました。

「導線をずっと伸ばしていけば、遠くの距離でも電気を使った通信ができるのではないだろうか？」

興味があったとはいえ、画家とはまったく違う世界ですから、そのひらめきを追求することへのためらいもあったことでしょう。けれども大きな夢を失ったサミュエルに必要なのは、それをも上回る、自分でもどうなるか予測もつかないような夢だったようです。

生活費を稼ぐために大学に籍を置きながら、サミュエルは美術とはまったく関係のない電気の実験を行うようになります。

サミュエルが考えたのは、電流を流したり、流さなかったりすることで、そのリズムが信号となり、遠くにいる相手にもメッセージを送れるのではないか、ということ。つまり、サミュエルは電報のシステムを電気の仕組みから着想したのです。

「信号を送り出す送信機と、電磁石で信号を記録する受信機をケーブルでつなぐ。あとは、受信側が信号を文字や数字に変換するためのコードを用いれば、信号の解読が行えるはずなんだ……あ、できたぞ！」

教室の周りに約16キロメートルものワイヤーを張りめぐらせた実験は大成功。集まったギャラリーを沸かしながら、サミュエルはもうすでに画家ではなく、科学者としての顔つきをしていたことでしょう。

50歳 ニューヨーク港の両岸をケーブルでつなぐ大実験、しかし……

素人だから飛躍できる――。

本書に登場するインスタントラーメンの生みの親・安藤百福の言葉を、民俗学者の吉野裕子の項で紹介しましたが、ここでまた思い出してください。知識や経験があるがゆえに、先入観にとらわれて、新しい発想が生み出しにくくなることがあります。

サミュエルの場合も、画家という門外漢から四十半ばにして、以前から興味のあった電気の分野に突き進んだことが、功を奏したのでしょう。

もっとも新しすぎる発想がゆえに、周囲の反応は、どうしても渋いものになりがちです。

百福のインスタントラーメンも問屋では「こんなものは売れない」と言われたように、サミュエルもまた、電報の将来性をなかなか理解してもらえず、資金の調達に苦しみました。

政府から開発費用を調達しようと、下院議員の協力を得て議会に諮るも、あえなく否決。電信がもたらす国益を考えれば、国家を挙げて支援すべきプロジェクトでしたが、これまでになかったアイデアだけに、メリットを感じにくかったようです。

仕方がないので、サミュエルは海外に目を向けて、渡航してまでヨーロッパに売り込みました。しかし、イギリスとフランスが多少興味を示す程度で、大きな成果は得られませんでした。

「もっと大々的なプロモーションが必要だ。よし、ニューヨーク港の両端をケーブルでつないで、通信を行ってやろうじゃないか」

真似されないように、1840年に特許を取得したうえで、その2年後に新聞に告知をし、サミュエルは大プロモーションに挑みました。

ところが、デモンストレーションを行う当日になって、漁師が誤ってケーブルを切ってしまいます。苦労がすべて台無しになったのですから、あまりに悲惨です。

53歳 40代半ばからの挑戦が花開く

それでも、サミュエルは諦めません。1年後には、ニューヨーク湾の海中にケーブルを沈めたうえで、2つの島の間で通信を実験。見事に成功させています。

サミュエルに「実際に技術を見てもらえさえすれば、誰もが有用性を感じるはず」という自信があったからこそ、ここまでやることができたのでしょう。そして、いったん認知されれば、その後はどんどん浸透していくことになります。

1843年3月に連邦議会が援助を可決しました。サミュエルはメリーランド州のボルチモアとワシントンDCをケーブルでつなぐ、というミッションに挑戦できることになりました。

工事に着手すると、１８４４年5月には作業が完了。そして同年5月24日、サミュエルは、ワシントンＤＣからボルチモアに向かって、こんな電報を打ちます。

「神は何を造り給うた？」※50

実験は見事に成功します。このとき、サミュエルは53歳でした。

その後、サミュエルのもとには、資金援助の申し込みが殺到したことは言うまでもありません。

モールス信号はアメリカ国中に浸透したばかりか、ヨーロッパでもその技術が注目されました。

各国の政府から報奨金を寄与され、莫大な財産を手に入れたサミュエル。**40代での夢の挫折が、50代での大きな成功につながった**のです。

サミュエル・モールスに学ぶ

大器晩成

のヒント

◉夢や目標が遠ざかったときは「変革」のチャンス。

◉素人目線での感動やひらめきを大切にする。

◉日頃の興味関心がセカンドライフにつながることも。

山内溥《ひろし》

1927〜2013
経営者

数々の失敗を乗り越え、「花札の会社」を再生。ファミコンを社会現象に

ファミリーコンピュータを世に送り出したことで知られる山内溥。任天堂を生まれ変わらせた辣腕の持ち主ですが、新事業は失敗続きで会社を破産寸前までに追い込んだこともあります。「七転八起」の精神に注目です。

略歴 京都府生まれ。花札やトランプを売る任天堂の創業者・山内房治郎の曾孫として生まれる。早稲田大学専門部法律科在学中に任天堂の取締役に就くと、2年後には22歳の若さで3代目社長に就任。「ファミコン」で、任天堂を世界的なゲーム機メーカーに育て上げた。

◉「花札」の会社が、ゲーム事業に参入

私も小学生の頃に夢中になった「ファミコン」「スーパーファミコン」を世に送り出した任天堂。今は家庭用ゲーム機「スイッチ」で、私の子どもたちの心をとらえて離しません。

時代を超えてムーブメントをつくり続ける。これは当たり前のことではないでしょう。任天堂は、今でこそ世界でも有数のゲーム機器、ゲームソフトメーカーとして知られていますが、もともとは「花札」や「かるた」の製造を行っていました。そこから事業の大転換を図ったのが、任天堂の3代目社長を務めた山内溥です。

山内は22歳の若さで家業を継いで社長に就任。従来のビジネスモデルから脱却を図るべく、試行錯誤を繰り返しました。ゲーム事業に参入したのは、山内が50代のときのことです。

いかにして時代を予見したのか。事業戦略の立て方について取材で聞かれると、山内はいつも「運がよかっただけ」と答えています。

「われわれが今日あるのは、こうなるはずだという見通しを持ってやってきた結果ではない」※52

確かに山内は、50代での飛躍に至るまで、数々の失敗を経験してきました。それでも懲りずに挑戦し続けるスピリッツは、どこから生まれたのでしょうか。

22歳　家業を継いで社長になる

山内は昭和2（1927）年、任天堂の創業者・山内房治郎の曾孫として、京都に生まれました。父が愛人と駆け落ちして失踪したため、祖父母に育てられたそうです。

当時の任天堂は、花札やトランプの製造販売を行う、従業員100人程度の会社です。幼少期の山内は友達から「花札のボン」とからかわれるのが、たまらなく嫌だったとか。というのも、花札は家庭の娯楽として楽しまれていたものの、「アウトローな世界で興じるもの」というイメージがまだまだ強かったからです。

山内に人生の転機が訪れたのは、早稲田大学専門部法律科に入学した翌年のこと。祖父が倒れてしまうと、山内は腹をくくります。決断の瞬間をこう振り返っています。

「ほかに誰も家業を継ぐ者がいない。私が継がなければ、会社の従業員も手張りの職人も路頭に迷うことになる。会社を継ぐ意思は薄かったが、私がやらなければ、やる人がいない。私はこれを運命だと思った」※52

挑戦した理由はほかにもあります。2代目社長の祖父が経営から離れたことで、周囲から「任天堂はもう終わりだ」と言われたことが、山内の闘争心をかき立てました。

「そこまで言われては、このまま引き下がるわけにはいかない」※52

大海に飛び出すことを決意した山内。大学を中退し、22歳の若さで社長に就きました。多難な人生の始まりです。

31歳

「ディズニー・トランプ」で大ヒットを飛ばす

のちに「ファミコン」で世界を驚かす山内が大きな改革に乗り出したのは、社長に就任して、わずか3年目のことです。

京都市内に分散していた製造場を集約して、本社工場を建設。日本で初めてプラスティック製トランプの製造に踏み切りました。

若社長が人生で初めての借金をしてまでの挑戦でしたが、同業者たちの反応はみな一様に冷ややかなものでした。

「花札屋に工場はいらんのや。あんなもん建てて、やっぱりボンやなあ」

そんな批判を受けても、山内は改革の手を緩めることなく、花札の機械化にも挑みました。細かな調節が仕上がりに影響するデリケートな花札は、当時すべてが手づくり。しかし、「未開の地だからこそ挑む価値がある」と、いつも考えるのが山内でした。

毎年、利益の3割を割きながら、花札の手触りや厚さなどを調節。昭和44（1969）年に、満足できる商品を機械で製造することに成功します。他の業者には到底マネできない、差別化を実現させました。

花札の機械化に苦心しながら、山内はまったく別の方向でのチャレンジも行っています。アメリカのディズニー・プロと提携。ミッキー・マウスやドナルド・ダックなどをトランプにし「ディズニー・トランプ」を発売したのです。

当時、トランプは家庭で遊ぶためのアイテムではありましたが、子ども用の娯楽というわけではありませんでした。

しかし、山内が子どもにターゲットを絞ったことで「子どもの玩具としてのトランプ」をいわば新しく開発することになったのです。

「ディズニー・トランプ」は発売から2年で150万個という大ヒットになりました。以降、任天堂は花札・トランプ屋から玩具屋へと発展を遂げます。

山内がディズニー・プロと提携したのは、31歳のときのこと。

若き経営者の辣腕ぶりが光りましたが、「挑戦すること」の恐ろしさを知るのは、それからのことでした。

◉食品業界やタクシー業界に参入して大失敗

「よそがしないものをやる」※52

山内の経営者としての指針の一つですが、その姿勢は就任直後から一貫しています。しかし、挑戦には失敗がつきもの。当然、すべてがうまくいったわけではありません。昭和35（1960）年には、タクシー業界に参入。「ダイヤ交通株式会社」を設立しました。一時期は40台近くを保有しましたが、運転手の労働組合と揉めて、撤退を余儀なくされています。

そうかと思えば、インスタント食品に注目し、「お湯を注いで3分待つ」というインスタントラーメンのごはんバージョンとして、「インスタントライス」を開発。続いて、「ふぐ茶漬け」、ふりかけの「ディズニーフリッカー」、「ポパイラーメン」などを発売しましたが、いずれも手痛い失敗に終わっています。

タクシー業界や食品業界など、いきなり他業界に殴り込みをかけるとは大胆ですが、山内には**「従来の事業から脱却しなければ未来はない」**という危機感がありました。

というのも、任天堂は「ディズニー・トランプ」で売上を大きく伸ばし、上場まで果たしたものの、上場2年目には売上が鈍化しはじめていました。キャラクター人気に依存したやり方では限界がある……それが山内の実感でした。

「ヒットははかないものだとつくづく感じた。ヒットしているうちに善後策を考えておかないと痛い目に遭う」※52

つまり**経営者に安息の日々はなく、絶えず「次の一手」を打ち続けなければならない**、ということです。

44歳 大型レジャー施設に社運をかけて大赤字に

異業種への参入は難しいと、山内はアイデア玩具に活路を見出します。

玩具1号となったのは、「ウルトラハンド」。伸び縮みするマジックハンド式のおもちャで、これが120万個以上を売る大ヒット商品となりました。

さらに、家庭用ピッチングマシン「ウルトラマシン」など、アイデア玩具を次々と開発。売上を回復させると、山内の目はエレクトロニクス産業へと向けられます。


「うちはよそのメーカーと同じことをやるくらいなら、やらないほうがましだという考え方だ。

だからエレクトロニクスに乗り出した。

しかし、それもよく考えてみると、オモチャ業界でよそと違うことをしようと思うと、そこしか残っていなかったということなんです」※52
昭和45（1970）年、山内が42歳のときに、任天堂は記念すべきエレクトロニクス第1弾として、「光線銃」を発売。もっぱら通信分野で使われていた「光」を玩具に用いた光線銃は、人工衛星から発想したそうです。

独創性を重視した山内らしい画期的な「新しい時代」の玩具でしたが、残念ながら失敗に終わります。売上自体は好調でしたが、生産体制に不備があり、故障品や不良品が続出。利益をほとんど出せずに終わりました。

「光線銃」のシリーズものは、さらに悲惨な結果となりました。射程を6メートル程度から30メートルまで伸ばすなどバージョンアップさせたうえで、2万5000円という高価格を打ち出しましたが、ユーザーが望んだ改良ではなかったようです。まったくといっていいほど売れませんでした。

それでもなお、山内は懲りずに、前のめりで新しいことに挑み続けます。

それが、大型レジャー施設「レーザークレー射撃システム」です。スクリーンに映る円盤を、センサーつきの光線銃で撃ち落とすという新しい遊びでした。

山内はボウリングが大流行するなかで、ブームはやがて下火になると予想。ボウリング場の跡地を活用した「レーザークレー射撃システム」を開発しました。

すると、全国のボウリング場から注文が殺到。山内は全国展開に向けて、莫大な投資に踏み切ります。

しかし、まもなくして第1次オイルショックが巻き起こり、注文のキャンセルが相次いでしまいます。負債は50億円にも膨れ上がり、任天堂は倒産の危機に見舞われました。

山内の40代での挑戦はいずれも花開かなかったばかりか、ことごとく経営を圧迫する要因になってしまったのです。

55歳　ファミコンが大当たり、社会現象を巻き起こす

これだけの失敗を繰り返してもなお、山内の目線は常に新しい未来を見据えていました。

もちろん、「また次の挑戦も失敗してしまうのではないか」という内なる声と無縁だったわけではないでしょう。しかし、**山内は若くして社長に就任してからというもの、常に業態を見直し、新事業に挑んできました。**「挑戦グセ」ともいうべき心境に至っていたと考えられます。

そしてなによりも、不安や恐怖を上回るほどワクワクするような夢で、山内の頭の中はいつもいっぱいだったのです。

家庭用テレビゲーム機の開発を決めると、昭和56（1981）年、山内は開発部長にこんな指示を出します。

「少なくとも1年間は他社が絶対真似できないものを出すんだ」※52

このときすでに、トミー、エポック、バンダイ、セガ・エンターテイメントといった国内の玩具メーカーに加えて、シャープ、カシオなどの電機メーカーと、さまざまな有力な会社がすでに、家庭用テレビゲーム機を発売していました。

他のゲーム機がパソコン用ＩＣを用いるなかで、任天堂は専用ＩＣの開発に成功。絵のきめ細やかさやキャラクターの表情やスピード感など、これまでになかったクオリティを重視しました。

これを真似するには１年は絶対にかかります。あとは、**「いかに顧客が手に入れやすい値段に抑えられるか」**が鍵となりました。

ファミコンの性能を考えれば、２万円を切るのは至難の業でしたが、山内は大博打に出ます。ＩＣメーカーに３００万台という保証台数を提示することで、コストダウンを図ったのです。その結果、１万４８００円という、高性能で低価格のゲーム機を実現させることになりました。

もし、ここで「性能が優れているから、それなりの価格で発売しよう」と考えていれば、ファミコンがあれだけの大フィーバーを、いきなり起こすには至らなかったでしょう。

昭和58（1983）年7月15日、ファミコンが満を持して発売されました。性能も価格も、他社には真似できない製品で勝負した結果、発売後半年でファミコンは独走状態に。3年あまりで650万台というメガヒットとなりました。

本体の価格を抑えることにこだわったがゆえに、製造経費を引けば、本体だけの利益はほとんどありませんでした。しかし、ハードさえ浸透させられれば、ソフトで稼ぐことができます。

ゲームはソフトが命で、ハードはソフトの世界を表現するための存在——とまで言った山内は、ソフトへのこだわりをこう語っています。

「ソフトは複雑にしないで、できるだけシンプルにして、誰もが楽しめるものでなければだめです。ゲームをやったことのない人も簡単に参加できるもの。子どもと一緒に遊んでもおもしろいもの。誰もが楽しめるものでなければ、ゲームビジネスは繁栄しません」※53

スーパーマリオやポケットモンスターなど不朽の名作は、こんな山内のソフト論から生み出され、今でもなお愛され続けています。

◉ 大事なのはビジョンよりも「突破力」

22歳で社長になってから数々の失敗を体験しましたが、山内はそのたびに反省はしても後悔することはなく、挑戦し続けました。

そんなチャレンジ精神が50代にして花開き、他社の追随を許さない独創的な商品を世に送り出し、社会現象を生み出しました。

「見通しなどなかった」という山内の言葉を冒頭で紹介しましたが、言葉の続きは次のようなものです。

「なんとかしなきゃいけない、どうすればいいのかと、必死になってやってきた結果が今の任天堂をつくったのです。
成功は目的じゃなくて結果なんです。運がよかっただけなんです」※52

もはや若者とはいえないが、高齢者というにはまだ早いのが50代。山内のように、これまでの失敗を生かしながら、大きな挑戦をするには、最適な年代ではないでしょうか。

山内溥に学ぶ

大器晩成

のヒント

◉「よりよいやり方はないのか」を常に考える。

◉結果を急ぐことなく、挑戦をひたすら続ける。

◉目の前の問題に集中することで道は拓けるはず。

ジュリア・チャイルド

1912〜2004
シェフ

二度もボツになった原稿が大ベストセラーに！ アメリカで最も有名な料理家

自分は趣味でやっているだけで、到底プロには敵わない——。もしジュリア・チャイルドがそんな「身のほどを知る」女性だったならば、アメリカで最も有名な料理家になることはなかったでしょう。夫に作った料理の失敗から始まった、彼女の挑戦をご紹介します。

略歴 アメリカのカリフォルニア州生まれ。大学卒業後、ニューヨークでコピーライターになったのち、米軍の情報機関へ転職。夫と結婚すると、外交官夫人としてフランスへ。名門の料理学校に通い、1961年に出版したフランス料理本で人気を博する。料理番組にも多数出演した。

34歳

結婚をきっかけに料理教室へ

50代で「新しい自分」に出会うことだってある――。これから紹介する料理家のジュリア・チャイルドは、まさにそんな一人です。

ジュリアは「アメリカで最も有名な料理家」ともいわれています。しかし、もともと料理好きだったわけではありません。自身でこう振り返っています。

「私は調理用コンロに見向きもしない少女でした。食欲は旺盛で、カリフォルニア産のおいしい肉や新鮮な野菜には目がなかったけれど、料理をしろと言われたことはなく、料理をすることの意味もちっとも分かっていませんでした」※54

1912年にカリフォルニア州に生まれたジュリアが、大学卒業後に就いた職業は、コピーライターです。

その後、米軍の情報機関へ転職すると、戦略諜報局（OSS）に配属。戦略諜報局の創設者ウィリアム・ドノバンの直下で、リサーチャーとして働いています。第二次世界大戦中に中国に配属されると、そこでの仕事ぶりが評価されて、アメリカ政府から表彰されました。

「この仕事こそ、私の天職だ」

ジュリアはそう手ごたえを感じたことでしょう。

しかし、運命は彼女をまったく別の場所へと連れていきます。そのきっかけとなったのが、10歳年上のポールとの結婚です。

ボストンで料理上手の母に育てられたポールは、フランス語を流ちょうに話す国務省職員で、食べ物とワインをこよなく愛しました。

ジュリアは赴任先でそんなポールと出会い、34歳のときに結婚。新婚生活を送るにあたって、料理の腕を磨こうと料理教室に通いはじめました。

ところが、夫のために初めて作った料理は失敗に終わってしまいます。ポールは笑い飛ばしてくれたものの、この日を境にジュリアは「料理上手になろう」と心に決めました。

このときの決意が、彼女のセカンドキャリアを形づくることになります。

37歳 フランス料理の専門学校に入学

「ポール・チャイルドがいなかったら、私がこのようなキャリアを持つことはありませんでした」※54

ジュリアがそう振り返るのは、食通の夫が料理作りに大いに役立ったからですが、それだけではありません。ポールの転勤によって、夫婦でフランスに渡ったことが、ジュリアの人生を大きく変えました。

パリに渡ったジュリアは、たちまちフランス料理に魅了されます。なんとかその調理法を学びたいと、１９４９年、37歳のときに名門料理専門学校、ル・コルドン・ブルーに入学。本格的に料理を学びはじめました。

学校に通ううちにジュリアは、人生をかけて自分が突き進むべき道が見えてきたといいます。

「悩みとは無縁の気ままで楽しいそれまでの生活に、私はいつだって満足していた。ところが、コルドン・ブルーに通い、パリの市場やレストランを訪れたことで、料理というものが私にとって、豊かで奥深くて、限りなく魅惑的なテーマであることに思いがけず気づいてしまったのだ」※54

料理学校の最終試験を突破した頃には、漠然とではあるけれども、「プロとしてやっていきたい」とまで考えるようになったジュリア。シムカとルイゼットという、二人の仲間とともに料理教室を開くことになりました。ところが、活動は思わぬ方向に向かいます。

実はそのとき、ちょうど二人はフランス料理の本を出すために、共同で原稿を書いていました。しかし、アメリカ市場向けに手直しするはずのフリーの編集者が行方をくらましたというのです。

困った二人から「本の仕上げを手伝ってくれる気はないかしら」と打診されると、ジュリアは快諾。まずは二人が書いた600ページ近い原稿に目を通すことから始めました。1952年9月、ジュリアが40歳のときのことです。

しかし、この出版プロジェクトが大いに難航します。ジュリアの40代は、ほぼこの本にかかりきりになるのでした。

40代 料理本の執筆に夢中になった

シムカとルイゼットが書いたレシピを、ジュリアは一つひとつ、実際に料理をしながら確認していきます。材料を入れる順番や、材料の品種、圧力鍋の加熱時間など、あらゆる角度から検討。原稿の余白に、疑問点や修正点を次々と書き込んでいきました。

気づけばジュリアは「料理本の執筆」という新たな試みに、すっかり虜になってしまっていました。

「気がつけば毎日、ほとんど休憩もとらずに、朝から晩まで原稿を書いていた。家の中が荒れ放題だということにも気がつかなかった」※54

ところが、刊行を予定した出版社の社長から手紙が来て、原稿の完成が見えないことから「取り組み自体なかったことにしたい」と言われてしまいます。

出版は立ち消えになってしまうのか……そう失望しかけたときに、ジュリアが何気なくとった行動が意外な展開につながっていきます。

ジュリアは、ステンレス製の食器への不満が書かれている雑誌のコラムを読んで、その内容にいたく共感します。思わず筆者に宛ててファンレターとともに、非ステンレス製の食器を送りました。

すると、著者の夫人エイヴィスから長文の礼状が届き、二人のやりとりがスタート。ジュリアがエイヴィスに、本の原稿について相談したところ、思わぬ返事が返ってきました。

「この原稿は傑作になる可能性を秘めています。夫の本を出しているホートン・ミフリン社に見せてもよいですか？」※54

その結果、原稿はホートン・ミフリン社で前向きに検討してくれることになりました。夫・ポールの仕事の都合で、ジュリアはフランスから離れてドイツに移住しますが、執筆への情熱は何ら変わりませんでした。

ホートン・ミフリン社から印税の前払いを受けたうえで、3人のうちジュリアとシムカが中心となり、週に40時間も執筆にあてたといいます。やがて仲間内では、この本のことを『アメリカの台所で作るフランス料理』と呼ぶようになりました。

そして1956年11月、夫がアメリカに呼び戻されると、ジュリアは夫婦でワシントンDCに移住。1年あまりが経った1958年2月、ジュリアが45歳のときに、できたところまでの原稿を編集者に読んでもらうことになったのです。

47歳　原稿が二度もボツにされる

といっても原稿は完成からはほど遠く、できていたのは鳥とスープの詳細な説明だけ。しかも、この時点で700ページにも及んでいました。

「はたして出版してもらえるのだろうか」と、不安に駆られたジュリアでしたが、嫌な予感は的中します。出版社に原稿を渡してから2～3週間後、こんな返事が届きました。

「弊社が出版契約を結んだのは、アメリカの主婦にフランス料理の作り方を伝授するための一冊であり、このような内容のものではないということを一刻も早くお伝えしなければなりません」※54

手紙では新たな方向性が打ち出されました。それは、食事全体をスープ、ソース、卵料理、メイン料理といったふうに分けたうえで、コンパクトなシリーズにするというものです。

ジュリアは葛藤の末、シムカにも相談して、この申し出を受け入れて「主婦やお抱えの運転手をターゲットに、コンパクトで手軽な内容に差し替えた原稿をあらためて準備します」と返事をしています。

これまで費やした時間を思えば難しい決断でしたが、企画の趣旨に変更はありません。料理の基本的なルールを強調しながら、レシピを短くまとめて、事前の準備と温め直しのコツを前面に出していくことにしました。

１９５９年９月１日、ジュリアが13回目の結婚記念日を迎えて、47歳になったときに『アメリカの台所で作るフランス料理』の改訂作業が、ついに終了します。

前菜からデザートまでを網羅した、アメリカ人向けのフランス料理の入門書です。ページ数はまだ７５０ページもありましたが、原稿を読んだ編集者からは、こんなふうに絶賛されました。

「あらゆる過程を分析してからレシピを再構築するという、あなた方の綿密さと熱意に私はすっかりのめり込み、今もまだ

圧倒されています。こんなにも素晴らしく、驚くほど正確で包括的な入門書はかってありませんでした」[※54]

これまでの努力が報われた……かに見えました。

だが、2カ月後、ホートン・ミフリン社の編集長から手紙が届き、すべてはひっくり返されます。

この本を出版するには膨大な制作費がかかるために高価格の本にしなければならないこと、主婦やお抱えの運転手向けの短くてシンプルな本にはまったくなっていないこと……。手紙はこう締めくくられていました。

「この本が他社から無事出版されることを心からお祈りします」[※54]

絶望的とは、まさにこのことでしょう。本を出すという目標に突き進んできたジュリアにとっては、あまりに残酷な結論でした。自分のすべてを否定されたかのようにも思えたでしょう。

今回ばかりは、さすがのジュリアも諦めるほかありません。夫のポールと双子兄弟のチャーリー・チャイルドからは、こんな慰めの手紙をもらったそうです。

「出版がどうなろうと、ジュリアはテレビ向きだと思う。まあ、これはぼく一人の意見だけど」※54

テレビを持っていないばかりか、テレビ番組も見たことがないジュリアは、この手紙を読んで一笑に付しました。

49歳 ついに大作が出版、一躍ベストセラーに

時が過ぎて１９６３年2月11日、創設されたばかりのボストンの公共テレビ局ＷＧＢＨにて、新番組が開始されました。番組名は『ザ・フレンチ・シェフ』。30分でフランス料理の概要を紹介するというものです。

司会を務めるのは……なんとジュリア・チャイルドです。

前年6月に試験的な放送が行われて、第1回でオムレツを取り上げると熱狂的な反響を呼び、当初3回の予定だった番組は27回の放送へと拡大。新シリーズとして始まることになりました。番組はたちまち人気を博し、彼女はアメリカでもっとも有名なシェフとして知られるようになります。

出版社から無情な宣告をされてから数年で、彼女の身にいったい何が起きたのでしょうか？

実は、ホートン・ミフリン社からボツになってまもなくして、原稿に興味をもつ出版社が現れました。一流出版社として知られるクノップス社です。ホートン・ミフリン社を紹介してくれたエイヴィスが、またも動いてくれたのでした。

原稿を検討したクノップス社から返事が来たのは、１９６０年5月下旬のこと。ホートン・ミフリン社から手痛い拒絶の返事を受け取ってから、１年も経っていません。手紙にはこう書かれていました。

「見事な、このフランス料理の本の内容を吟味し、レシピを参考に料理を作り、評を下すなどの作業に、私たちは数カ月を投じました。そして、これがクノップス社の出版目録に自信を持って加えることのできる、比類なき作品であるという結論に達しました」※54

それまで夢見ていたどんな言葉よりも、あたたかくて心強かった——。ジュリアは呆気にとられながらも、しみじみそう感じました。

この700ページ以上にもおよぶ大作となった『フランス料理という芸術の習得』は1961年9月に発刊されると、たちまちベストセラーとなります。ジュリアは49歳になっていました。

本の書評が『ニューヨーク・タイムズ』で掲載されるやいなや、ジュリアが朝のテレビ番組「トゥデイ」に出演することになるなど、取り巻く状況が大きく変わるなかで、料理番組の出演依頼まで舞い込んできました。40代で執筆に打ち込んだジュリアは、50

代でテレビを舞台に大活躍することになります。**それができたのは、いつも好きなことに全力で取り組んできたからにほかなりません。**

その反響は大きく、『フランス料理という芸術の習得』は発刊して3年で6刷目に突入。そしてテレビ番組『ザ・フレンチ・シェフ』は本格的に放送が始まってから1年後には、ロサンゼルスからニューヨークまで50都市以上の公共テレビで観られるようになりました。

激動の中年期を過ごしたジュリア。その40代〜50代をみると、小説家・太宰治の次の言葉を思い出さずにはいられません。

「人間は、しばしば希望にあざむかれるが、しかし、また『絶望』という観念にも同様にあざむかれることがある」※55

希望と同じく、絶望もまた打ち砕かれます。どんなときも諦めずに、自分の道を突き進んでいきましょう。

ジュリア・チャイルドに学ぶ

大器晩成

のヒント

◉ 興味関心を持ったときが適齢期。挑戦に遅すぎることはない。

◉ 人との縁を大切にすれば、打開策は思わぬ方向からやってくる。

◉ 希望も絶望も、あてにならないのが人生だ。

あとがき

「人生100年時代」の到来とも言われる今、人生の後半戦を自分らしく生き生きと過ごすためには、どうすればよいのか――。偉人のなかでも「大器晩成型」と言われる遅咲き偉人の生涯に着目して、解説を行ってきました。

冒頭でも触れたとおり、この場合の「遅咲き」「大器晩成」は必ずしも「年齢を重ねてから成功した」ということを指していません。幼少期や青年期には、むしろ周囲と比べて「落ちこぼれ」とされてきた……そんな偉人たちも含まれています。

そのため、遅咲きといっても、本書に登場する偉人たちが世に認められた年齢はそれぞれですが、あらためて実感したことがあります。

それは「ミッドライフ・クライシス」（中年の危機）が叫ばれる**40代、50代において、何らかのターニングポイントを迎えていたり、方向転換を迫られたりしている人物がいかに多いか**、ということです。

そして、**遅咲き偉人たちが、壁にぶつかったり、停滞したりしたときにとった行動にも、いくつか共通点がある**ようです。

締めくくりとして、「実践すべきポイント」をまとめていきましょう。

①「好きなこと」「やりたいこと」に立ち返る

「ちょっと人生がうまくいかないな」と感じるときほど**「自分が本当にやりたいことは何なのか」をよく思い出して、突き進んでいく。**その結果、人生が思わぬ展開を見せることが少なくありません。

アンリ・ファーブルがつらいときに、いつも昆虫を観察したように、幼少期から自然と自分が夢中になってやっていたことはないでしょうか。また、医学者の山中伸弥さんのように、進路の選択において、そっと諦めた道はなかったでしょうか。

ちょっとしたことでもよいので、何か思い当たるものがあれば、再び取り組んでみてください。きっと新たな発見があることでしょう。

②心が動いた瞬間をとらえる

とりわけ何かに夢中になった記憶がないという人は、自分の心が動いた瞬間をうまくとらえることで、今後進むべき方向性が見えてきたりします。

戦後の食糧難のなかで屋台に並ぶ人々の姿が脳裏に焼きついていた安藤百福、父からもらった方位磁石に心を奪われたアインシュタイン、船旅で耳にした会話が心に残っていたサミュエル・モールスらが、まさにそうでした。

積極的に外に出ていく、または人と会うことで、そういう場面が生まれるかもしれません。レイ・クロックはちょっとした好奇心からマクドナルド兄弟を訪ねることがなければ、マクドナルドが今のようにチェーン展開することはなかったでしょう。

シュリーマンの考古学や伊能忠敬の暦学のように、以前から関心のある分野の「学び直し」に挑戦してみるのもよいでしょう。

今があまりに忙しいという場合も、諦める必要はありません。川田龍吉のように仕事を通じて、第2の人生のインスピレーションが得られることもあります。

大切なのは意識して、自分の心が動いた瞬間をしっかりととらえるということ。「何気ない経験が転機になる」ということを忘れないようにしましょう。

③人の声に耳を傾ける

周囲の意見に耳を貸さずに、自分を突き通した結果、偉業を成し遂げた――。そのような エピソードは数多くあります。

「相対性理論」を発見したアインシュタインは学生の頃、指導教官の意見に耳を貸すことなく自己流で研究を続けて、問題児扱いされました。

「クリミアの天使」として名を馳せたナイチンゲールも「看護師だけにはなるな」という親からの反対に負けずに夢をかなえています。

スポーツの世界に目を転じれば、当時のヘッドコーチの忠告に従わず「振り子打法」を続けたイチローも、まさにそうでしょう。

このように「聴く耳を持たなかった」ことから功を奏した例は数多くありますが、だからといって、他人の意見にすべて耳をふさぐべきではありません。

特に、自分の道が定まっていない場合には、周囲の意見が思わぬ打開のきっかけになることがあります。

友人の声をきっかけに教師を辞めたことで別世界への扉が開いた吉野裕子や、熱心に説得されたことでこれまでの考え方を変えて新事業に携わった渋沢栄一については、本書で解説したとおりです。

最後に取り上げたシェフのジュリア・チャイルドにいたっては、せっかく書いた本の原稿が何度もボツになり、失意のどん底にいるときに、義兄から「テレビ出演が向いているかもよ」と言われたといいます。のちのジュリアのテレビでの活躍を思うと、まるで予言です。

自分の信念をしぶしぶ曲げる必要はありませんが、「誰かが何かを言ったらそれは神の声だと思うようにしている」という加藤一二三の言葉もまた真理です。

閉塞感を打破したいときには、自分をよく知る人の声に耳を傾けてみましょう。

④失敗しても行動を続ける

何か物事を始めること以上に、継続することには困難が伴います。自分の期待どおりの結果が出ることのほうが珍しいのが常ですから、心がくじけやすいように世の中はできている……といっても過言ではないでしょう。

だったら、努力なんかしても意味がないのではないか。そう思ってしまうときは、将棋棋士・羽生善治さんの次の言葉を思い出すようにしましょう。

「何かに挑戦したら確実に報われるのであれば、誰でも必ず挑戦するだろう。報われないかもしれないところで、同じ情熱、気力、モチベーションをもって継続しているのは非常に大変なことであり、私は、それこそが才能だと思っている」※56

エジソンといえば、白熱電球の改良や蓄音機の発明などで知られていますが、生涯で1300もの発明をしたことを思うと、広く知られているのはごく一部です。**どんなときでも手を止めなかったからこその境地でしょう。**

ボロボロになりながら『資本論』の原稿を書き進めて死後に名声を得たマルクス、しつこく投稿を続けた50代でようやく花開いたブコウスキー……。

本書に登場した「あきらめの悪い偉人たち」を見習って、人生の最期まで走り抜けようではありませんか。

⑤時機を待って目の前のことをやる

いろいろと書いてきましたが、ここまで熱心に読んでくださった読者のみなさんに、あと一つつけ加えたいことがあります。

それは「人生の後半戦を充実させなければ！」という思いが強すぎると、ストレスになったり、日々の幸せに気づきにくくなったりするということです。

本書に登場する偉人たちをみると、**物事にはタイミングというものがある**、ということにも気づかされます。自分でコントロールできないことには、なるべく心を奪われないようにしましょう。

今の自分が好きなこと、心地よいこと、少なくともストレスではないこと、などを地道にやっていくことで、結果的に道が拓けていく。そのときを**「待つ」こともまた立派な行動の一つ**だということを、頭の片隅に置いておいてもらえればと思います。

焦らずに、一歩一歩。そんな気持ちを大切に。

本書は、担当編集の三谷祐一さんから「人生100年時代をどう生きていくのか。偉人の生涯からヒントを得るような本を書きませんか？」と声をかけてもらったことをきっかけに生まれました。

三谷さんとは縁があって20代のころに出会いましたが、気づけばお互い中年まっしぐら。まさに本書で書いてきたミッドライフ世代です。そういう意味では、自分や大切な友人に向けて書いた本でもあります。

読者のみなさんも、勝手に同志だと思っていますので、ぜひご感想などお寄せくださいね。それでは、またどこかで。

2025年　春の音を聴きながら　真山知幸

〔33〕「NHK 映像ファイル あの人に会いたい File No. ２３２　赤塚不二夫」（NHK アーカイブズ）
〔34〕赤塚不二夫著『これでいいのだ―赤塚不二夫自叙伝』（文春文庫）
〔35〕稲永和豊著『知的巨人たちの晩年―生き方を学ぶ』（講談社）
〔36〕星埜由尚著『日本史リブレット人 57　伊能忠敬 日本をはじめて測った愚直の人』（山川出版社）
〔37〕デイヴィッド・A. トレイル著、周藤芳幸訳『シュリーマン　黄金と偽りのトロイ』（青木書店）
〔38〕シュリーマン著、関楠生訳『古代への情熱―シュリーマン自伝』（新潮文庫）
〔39〕エルヴェ・デュシエーヌ著、青柳正規監修、福田ゆき訳、藤丘樹実訳『シュリーマン・黄金発掘の夢』（知の再発見双書）
〔40〕足立則夫著『遅咲きのひと―人生の第四コーナーを味わう』（日経 BP マーケティング）
〔41〕吉野裕子著、小長谷有紀著「吉野裕子の世界はいかにして生まれたか」（『ビオストーリー』２００５年・第４号）
〔42〕吉野裕子著「私の歩んだ道」『吉野裕子全集　第 12 巻』（人文書院）
〔43〕荒木優太著『これからのエリック・ホッファーのために：在野研究者の生と心得』（東京書籍）
〔44〕レイ A. クロック著、ロバート・アンダーソン著、野崎稚恵訳『成功はゴミ箱の中に：レイ・クロック自伝』（プレジデント社）
〔45〕小泉淳作著『アトリエの窓から』（講談社）
〔46〕小泉淳作著『随想』（文藝春秋）
〔47〕「NHK 映像ファイル あの人に会いたい File No. ５４２　小泉淳作」（NHK アーカイブズ）
〔48〕舘和夫著『男爵薯の父　川田龍吉伝』（道新選書）
〔49〕久恒啓一著『遅咲き偉人伝』（PHP 研究所）
〔50〕佐藤光浩著『40 歳から成功した男たち』（アルファポリス）
〔51〕真山知幸著『「神回答」大全』（小学館）
〔52〕高橋健二著『任天堂商法の秘密：いかにして子ども心を掴んだか』（ノン・ブック）
〔53〕福島敦子著『ききわけの悪い経営者が成功する』（毎日新聞出版）
〔54〕ジュリア・チャイルド著、アレックス・プルドーム著、野口深雪訳『いつだってボナペティ！ - 料理家ジュリア・チャイルド自伝』（中央公論新社）
〔55〕太宰治著『パンドラの匣』（新潮文庫）
〔56〕羽生善治著『決断力』（角川新書）

【引用・参考文献／ウェブ・映像資料一覧】※第１章については本文中に記載

〔１〕G.V. ルグロ著、平野威馬雄訳『ファーブルの生涯』（ちくま文庫）
〔２〕ジャン・アンリ・ファーブル著、奥本大三郎訳『完訳 ファーブル昆虫記　第６巻〈上〉』（集英社）
〔３〕奥本大三郎著『博物学の巨人アンリ・ファーブル』（集英社新書）
〔４〕フランシス・ウィーン著、田口俊樹訳『カール・マルクスの生涯』（朝日新聞社）
〔５〕レイ・ロビンソン編、畔上司訳『雑学　世界の有名人、最期の言葉』（ソニー・マガジンズ）
〔６〕安藤百福発明記念館著『転んでもただでは起きるな！定本・安藤百福』（中公文庫）
〔７〕「追想録　安藤百福」（日本経済新聞　２００７年2月9日号）
〔８〕柴崎伴之『大失敗にも大不況にも負けなかった社長たちの物語』（彩図社）
〔９〕鈴田孝史編『安藤百福のゼロからの「成功法則」: 人生に遅すぎるということはない』（かんき出版）
〔10〕山中伸弥著、緑慎也著『山中伸弥先生に、人生とｉＰＳ細胞について聞いてみた』（講談社＋α文庫）
〔11〕松永俊男著『チャールズ・ダーウィンの生涯　進化論を生んだジェントルマンの社会』（朝日選書）
〔12〕DVD「ブコウスキー：オールドパンク」（コロムビアミュージックエンタテイメント）
〔13〕チャールズ・ブコウスキー著、中川五郎訳『くそったれ！少年時代』（河出文庫）
〔14〕C. ゼーリッヒ著、広重徹訳『アインシュタインの生涯』（東京図書）
〔15〕ロジャー・ハイフィールド著、ポール・カーター著、古賀弥生訳『裸のアインシュタイン―女も宇宙も愛しぬいた男の大爆発』（徳間書店）
〔16〕アリス・カラプリス編、林一訳、林大訳『アインシュタインは語る』（大月書店）
〔17〕コンドー著、杉元賢治訳『アインシュタイン物語 新装』（東京図書）
〔18〕日本女子大学校第 25 回生編『成瀬先生追懐録』（桜楓会出版部）
〔19〕渋沢栄一著、渋沢青淵記念財団竜門社編『渋沢栄一訓言集』（国書刊行会）
〔20〕渋沢栄一著、守屋淳編『現代語訳 渋沢栄一自伝 「論語と算盤」を道標として』（平凡社新書）
〔21〕渋沢秀雄著『父 渋沢栄一』（実業之日本社文庫）
〔22〕渋沢栄一著『論語と算盤』（国書刊行会）
〔23〕鹿島茂著『渋沢栄一　下　論語篇』（文春文庫）
〔24〕中村元訳『ブッダの真理のことば・感興のことば』（岩波文庫）
〔25〕幸田ヘンリー著『天才エジソンの秘密　母が教えた７つのルール』（講談社）
〔26〕浜田和幸著『快人エジソン』（日本経済新聞社）
〔27〕オーウェン・ギンガリッチ編、ジーン・アデア著、近藤隆文訳『エジソン―電気の時代の幕を開ける』（大月書店）
〔28〕小堺昭三著『天才実業家 小林一三・価千金の言葉』（ロングセラーズ）
〔29〕小林一三著『小林一三―逸翁自叙伝』（日本図書センター）
〔30〕小林一三研究室編『小林一三　発想力で勝負するプロの教え　永久保存版』（アスペクト）
〔31〕伊井春樹著『小林一三は宝塚少女歌劇にどのような夢を託したのか』（ミネルヴァ書房）
〔32〕山口孝著『赤塚不二夫 伝　天才バカボンと三人の母』（内外出版社）

大器晩成列伝

遅咲きの人生には共通点があった!

発行日　2025年3月21日　第1刷
　　　　2025年6月20日　第4刷

Author　真山知幸
Illustrator　松島由林
Book Designer　chichols

Publication　株式会社ディスカヴァー・トゥエンティワン
〒102-0093 東京都千代田区平河町2-16-1 平河町森タワー 11F
TEL　03-3237-8321（代表）03-3237-8345（営業）
FAX　03-3237-8323
https://d21.co.jp

Publisher　谷口奈緒美
Editor　三谷祐一

Store Sales Company
佐藤昌幸　古矢薫　蛯原昇　石橋陸　生貫朱音　佐藤淳基　津野主揮
鈴木雄大　山田諭志　藤井多穂子　松ノ下直輝　小山怜那　町田加奈子

Online Store Company
飯田智樹　庄司知世　杉田彰子　森谷真一　青木翔平　阿知波淳平　大﨑双葉
北野風生　舘瑞恵　徳間凜太郎　廣内悠理　三輪真也　八木眸　安室舜介
高原未来子　江頭慶　小穴史織　川西未恵　金野美穂　千葉潤子　松浦麻恵

Publishing Company
大山聡子　大竹朝子　藤田浩芳　三谷祐一　千葉正幸　中島俊平　伊東佑真
榎本明日香　大田原恵美　小石亜季　西川なつか　野﨑竜海　野中保奈美
野村美空　橋本莉奈　林秀樹　原典宏　村尾純司　元木優子　安永姫菜
古川菜津子　浅野目七重　厚見アレックス太郎　神日登美　小林亜由美　陳玟萱
波塚みなみ　林佳菜

Digital Solution Company
小野航平　馮東平　林秀規

Headquarters　川島理　小関勝則　田中亜紀　山中麻吏　井上竜之介　奥田千晶　小田木もも
福永友紀　俵敬子　三上和雄　石橋佐知子　伊藤香　伊藤由美　鈴木洋子
照島さくら　福田章平　藤井かおり　丸山香織

Proofreader　株式会社鷗来堂
DTP　株式会社RUHIA
Printing　日経印刷株式会社

・本書へのご意見・ご感想は下記からご送信いただけます。
https://d21.co.jp/inquiry/

ISBN978-4-7993-3133-0　TAIKIBANSEI RETSUDEN by Tomoyuki Mayama